Les Délices Sucrés 2023

Des recettes simples et délicieuses pour impressionner vos invités et satisfaire vos envies de sucré

Élise Dupont

Table des matières

Glaçage glacé 12

Glaçage Café Glacé 12

Glaçage au Citron Glacé 13

Glaçage Glacé à l'Orange 13

Glaçage Rhum Glacé 14

Glaçage glacé à la vanille 14

Glaçage au chocolat bouilli 15

Enrobage de noix de coco au chocolat 15

Garniture au fudge 17

Garniture au fromage à la crème sucrée 17

Glaçage velours américain 18

Glaçage à la crème au beurre 18

Glaçage au caramel 19

Glaçage au citron 19

Glaçage à la crème au beurre au café 20

Lady Baltimore Glaçage 21

Glaçage blanc 22

Glaçage blanc crémeux 22

Glaçage blanc moelleux 23

Glaçage à la cassonade 24

Glaçage à la crème au beurre à la vanille 25

Crème 26

Remplissage de crème anglaise 27

Garniture à la crème danoise 28

Riche garniture de crème anglaise danoise	29
Crème Pâtissière	30
Garniture à la crème de gingembre	31
Garniture de citron	32
Glaçage au chocolat	33
Glaçage gâteau aux fruits	34
Glaçage au gâteau aux fruits à l'orange	34
Carrés de meringue aux amandes	35
Gouttes d'ange	36
Amandes effilées	37
Tartelettes Bakewell	38
Gâteaux papillon au chocolat	39
Gâteaux à la noix de coco	40
Petits gâteaux sucrés	41
Gâteaux aux points de café	42
Gâteaux Eccles	43
Gâteaux de fée	44
Gâteaux de fées givrés plumes	45
Les fantaisies de Gênes	46
Macarons aux amandes	47
Macarons à la noix de coco	48
Macaroni au citron vert	49
Macaronis à l'avoine	50
Madeleine	51
Gâteaux de massepain	52
Muffins	53
Muffins à la pomme	54

muffins à la banane	55
Muffins au cassis	56
Muffins américains aux myrtilles	57
Muffins aux cerises	58
muffins au chocolat	59
muffins au chocolat	60
petit gâteau au cannelle	61
Muffins à la semoule de maïs	62
Muffins entiers aux figues	63
Muffins aux fruits et au son	64
Muffins à l'avoine	65
Muffins aux flocons d'avoine et aux fruits	66
Muffins à l'orange	67
Muffins à la pêche	68
Muffins au beurre d'arachide	69
Muffins à l'ananas	70
Muffin Framboise	71
Muffins framboise et citron	72
Muffins Sultana	73
Muffins au sirop	74
Muffins au sirop et à l'avoine	75
Pain grillé à l'avoine	76
Omelettes aux fraises	77
Gâteaux à la menthe poivrée	78
Gâteaux aux raisins	79
Boucles de raisins secs	80
Brioches aux framboises	81

Gâteaux de riz brun et de tournesol	82
Roche gâteaux	83
Gâteaux de roche sans sucre	84
Gâteaux au safran	85
Babas au Rhum	86
Gâteaux boules éponge	88
Biscuits au chocolat	89
Boules de neige d'été	91
Gouttes aux champignons	92
Meringues de base	93
Meringues aux amandes	94
Biscuits espagnols meringués aux amandes	95
Paniers Meringue Cuite	96
Flocons d'amandes	97
Meringue espagnole aux amandes et au citron	98
Meringues enrobées de chocolat	99
Meringue chocolat menthe	100
Pépites de chocolat et meringues aux noix	100
Meringue aux noisettes	101
Layer cake meringué aux noix	102
Tranches de macaron aux noisettes	104
Meringue et couche de noix	105
Montagnes meringuées	107
Crème Meringuée Framboise	108
Galettes de ratafia	109
Vacherin Caramel	110
Scones simples	111

Scones aux œufs riches	112
Scones aux pommes	113
Pain aux pommes et à la noix de coco	114
Pains aux pommes et aux dattes	115
Morceaux d'orge	116
Scones aux dattes	117
Scones aux fines herbes	118
Pain muesli	119
Morceaux d'orange et de raisins secs	120
Scones aux poires	121
Scones aux pommes de terre	122
Scones aux raisins secs	123
Scones à la mélasse	124
Scones à la mélasse et au gingembre	125
Scones à la sultanine	126
Pain complet au sirop	127
Morceaux de yaourt	128
Morceaux de fromage	129
Scones aux herbes de grains entiers	130
Pipes à salami et fromage	131
Scones de blé entier	132
Conkies de la Barbade	133
Biscuits de Noël frits	135
Gâteaux de semoule de maïs	136
Crumpettes	137
Beignets	138
beignets de pommes de terre	139

Pain naan	140
Bannocks à l'avoine	141
Brochets	142
Scones faciles à déposer	143
Scones à l'érable	144
Scones à la plancha	145
Morceaux grillés au fromage	146
Crêpes écossaises spéciales	147
Crêpes écossaises fruitées	148
Pancakes écossais à l'orange	149
Chante Bardot	150
gâteaux gallois	151
Crêpes galloises	152
Pain de maïs épicé mexicain	153
Pain plat suédois	154
Pain de seigle et de maïs cuit à la vapeur	155
Pain de maïs doux cuit à la vapeur	156
Chapatis de blé entier	157
Presse à blé entier	158
Biscuits aux amandes	159
Boucles d'amande	160
Anneaux d'amande	161
Craquelins aux amandes méditerranéennes	162
Biscuits aux amandes et au chocolat	163
Biscuits Amish aux fruits et aux noix	164
Cookies à l'anis	166
Biscuits à la banane, à l'avoine et au jus d'orange	167

Cookies de base	168
Biscuits croustillants au son	169
Biscuits au sésame	170
Biscuits au brandy au cumin	171
Brandy Snaps	172
Biscuits au beurre	173
Biscuits au caramel	174
Biscuits au caramel	175
Biscuits aux carottes et aux noix	176
Biscuits aux carottes et aux noix glacés à l'orange	177
Biscuits aux cerises	179
Anneaux cerise et amande	180
Biscuits au beurre de chocolat	181
Rouleaux au chocolat et aux cerises	182
Gâteaux avec des pépites de chocolat	183
Biscuits au chocolat et à la banane	184
Bouchées de chocolat et de noix	185
Barres de chocolat américaines	186
Crèmes au chocolat	187
Biscuits au chocolat et aux noisettes	188
Biscuits au chocolat et à la muscade	189
Biscuits enrobés de chocolat	190
Biscuits sandwich au café et au chocolat	191
biscuits de Noël	193
Biscuits à la noix de coco	194
Biscuits de maïs à la crème de fruits	195
Biscuits de Cornouailles	196

Biscuits aux grains entiers et aux raisins secs 197

Biscuits sandwich aux dattes 198

Craquelins Digestifs (Graham Crackers) 199

Biscuits de Pâques 200

Florentins 201

Chocolat florentin 202

Chocolat florentin de luxe 203

Biscuits au fudge et aux noix 204

Sucettes glacées allemandes 205

Biscuit au gingembre 206

Cookies au gingembre 207

Bonhomme en pain d'épices 208

Biscuits au pain d'épice de blé entier 209

Crackers au gingembre et au riz 210

Biscuits dorés 211

Biscuits aux noisettes 212

Biscuits croustillants aux noisettes 213

Biscuits aux noisettes et amandes 214

Cookies au miel 215

Miel de ratafias 216

Biscuits au miel et au babeurre 217

Biscuits au beurre citronné 218

Cookies au citron 219

Bons moments 220

Biscuits au muesli 221

Glaçage glacé

Assez pour couvrir un gâteau de 20 cm/8

100 g/4 oz/2/3 tasse (confiserie) de sucre en poudre, tamisé

25–30 ml/1½–2 cuillères à soupe d'eau

Quelques gouttes de colorant alimentaire (facultatif)

Mettez le sucre dans un bol et mélangez-le petit à petit avec l'eau jusqu'à ce que le glaçage soit lisse. Colorer avec quelques gouttes de colorant alimentaire si désiré. Le glaçage deviendra opaque s'il est étalé sur des gâteaux froids, ou transparent s'il est étalé sur des gâteaux chauds.

Glaçage Café Glacé

Assez pour couvrir un gâteau de 20 cm/8

100 g/4 oz/2/3 tasse (confiserie) de sucre en poudre, tamisé

25–30 ml/1½–2 cuillères à soupe de café noir très fort

Mettez le sucre dans un bol et mélangez le café petit à petit jusqu'à ce que le glaçage soit lisse.

Glaçage au Citron Glacé

Assez pour couvrir un gâteau de 20 cm/8

100 g/4 oz/2/3 tasse (confiserie) de sucre en poudre, tamisé

25–30 ml/1½–2 cuillères à soupe de jus de citron

Le zeste finement râpé de 1 citron

Mettez le sucre dans un bol et mélangez le jus de citron et le zeste petit à petit jusqu'à ce que le glaçage soit lisse.

Glaçage Glacé à l'Orange

Assez pour couvrir un gâteau de 20 cm/8

100 g/4 oz/2/3 tasse (confiserie) de sucre en poudre, tamisé

25–30 ml/1½–2 cuillères à soupe de jus d'orange

zeste finement râpé de 1 orange

Mettez le sucre dans un bol et mélangez le jus d'orange et le zeste petit à petit jusqu'à ce que le glaçage soit lisse.

Glaçage Rhum Glacé

Assez pour couvrir un gâteau de 20 cm/8

100 g/4 oz/2/3 tasse (confiserie) de sucre en poudre, tamisé

25–30 ml/1½–2 cuillères à soupe de rhum

Mettre le sucre dans un bol et incorporer le rhum petit à petit jusqu'à ce que le glaçage soit lisse.

Glaçage glacé à la vanille

Assez pour couvrir un gâteau de 20 cm/8

100 g/4 oz/2/3 tasse (confiserie) de sucre en poudre, tamisé

25 ml/1½ cuillère à soupe d'eau

Quelques gouttes d'essence de vanille (extrait)

Mettez le sucre dans un bol et mélangez l'eau et l'extrait de vanille petit à petit jusqu'à ce que le glaçage soit lisse.

Glaçage au chocolat bouilli

Assez pour couvrir un gâteau de 23 cm/9

275 g/10 oz/1¼ tasse de sucre cristallisé

100 g/4 oz/1 tasse de chocolat nature (mi-sucré)

50 g/2 oz/¼ tasse de poudre de cacao (chocolat non sucré).

120 ml/4 oz/½ tasse d'eau

Porter tous les ingrédients à ébullition en remuant jusqu'à ce qu'ils soient bien mélangés. Cuire à feu moyen à 108°C ou lorsqu'un long fil se forme entre deux cuillères à café. Verser dans un bol large et fouetter jusqu'à consistance épaisse et brillante.

Enrobage de noix de coco au chocolat

Assez pour couvrir un gâteau de 23 cm/9

175g/6oz/1½ tasses de chocolat nature (mi-sucré)

90 ml/6 cuillères à soupe d'eau bouillante

225 g / 8 oz / 2 tasses de noix de coco déshydratée (râpée)

Réduire en purée le chocolat et l'eau dans un mélangeur ou un robot culinaire, puis ajouter la noix de coco et mélanger jusqu'à consistance lisse. Saupoudrer sur des gâteaux nature encore chauds.

Garniture au fudge

Assez pour couvrir un gâteau de 23 cm/9

50 g/2 oz/¼ tasse de beurre ou de margarine

45 ml/3 cuillères à soupe de cacao en poudre (chocolat non sucré).

60 ml/4 cuillères à soupe de lait

425 g (15 oz) 2½ tasses (de confiseur) de sucre en poudre, tamisé

5 ml/1 cuillère à café d'essence de vanille (extrait)

Faites fondre le beurre ou la margarine dans une petite casserole et mélangez-y le cacao et le lait. Porter à ébullition en remuant constamment, puis retirer du feu. Incorporer progressivement le sucre et le sucre vanillé et battre jusqu'à consistance lisse.

Garniture au fromage à la crème sucrée

Assez pour couvrir un gâteau de 30 cm/12

100 g/4 oz/½ tasse de fromage à la crème

25 g/1 oz/2 cuillères à soupe de beurre ou de margarine, ramolli

350 g (12 oz) de sucre glace (confiserie), tamisé

5 ml/1 cuillère à café d'essence de vanille (extrait)

30 ml/2 cuillères à soupe de miel clair (facultatif)

Battre le fromage à la crème et le beurre ou la margarine légèrement et jusqu'à consistance mousseuse. Incorporer graduellement le sucre et la vanille jusqu'à consistance lisse. Sucrez avec un peu de miel si vous le souhaitez.

Glaçage velours américain

De quoi couvrir deux gâteaux de 23 cm/9

175g/6oz/1½ tasses de chocolat nature (mi-sucré)

120 ml/4 oz/½ tasse de crème sure

5 ml/1 cuillère à café d'essence de vanille (extrait)

Une pincée de sel

400 g/14 oz/21/3 tasses (confiserie) de sucre en poudre, tamisé

Faire fondre le chocolat dans un bol résistant à la chaleur sur de l'eau frémissant doucement. Retirer du feu et incorporer la crème, l'essence de vanille et le sel. Incorporer graduellement le sucre jusqu'à consistance lisse.

Glaçage à la crème au beurre

Assez pour couvrir un gâteau de 23 cm/9

50 g/2 oz/¼ tasse de beurre ou de margarine, ramolli

250g/9oz/1½ tasses de sucre en poudre (de confiseur), tamisé

5 ml/1 cuillère à café d'essence de vanille (extrait)

30 ml/2 cuillères à soupe de crème (légère).

Battre le beurre ou la margarine jusqu'à ce qu'ils soient tendres, puis incorporer progressivement le sucre, l'essence de vanille et la crème jusqu'à consistance lisse et crémeuse.

Glaçage au caramel

Assez pour remplir et couvrir un gâteau de 23 cm/9

100 g/4 oz/½ tasse de beurre ou de margarine

225 g/8 oz/1 tasse de cassonade douce

60 ml/4 cuillères à soupe de lait

350 g (12 oz) de sucre glace (confiserie), tamisé

Faire fondre le beurre ou la margarine et le sucre à feu doux, en remuant constamment, jusqu'à ce que le mélange soit homogène. Incorporer le lait et chauffer jusqu'à ébullition. Retirer du feu et laisser refroidir. Fouetter le sucre en poudre jusqu'à obtenir une consistance tartinable.

Glaçage au citron

Assez pour couvrir un gâteau de 23 cm/9

25 g/1 oz/2 cuillères à soupe de beurre ou de margarine

5 ml/1 cuillère à café de zeste de citron râpé

30 ml/2 cuillères à soupe de jus de citron

250g/9oz/1½ tasses de sucre en poudre (de confiseur), tamisé

Battre le beurre ou la margarine et le zeste de citron jusqu'à consistance légère et mousseuse. Battre progressivement le jus de citron et le sucre jusqu'à consistance lisse.

Glaçage à la crème au beurre au café

Assez pour remplir et couvrir un gâteau de 23 cm/9

1 blanc d'oeuf

75 g/3 oz/1/3 tasse de beurre ou de margarine, ramolli

30 ml/2 cuillères à soupe de lait chaud

5 ml/1 cuillère à café d'essence de vanille (extrait)

15 ml/1 cuillère à soupe de granulés de café instantané

Une pincée de sel

350 g (12 oz/2 tasses) de sucre en poudre, tamisé

Mélanger le blanc d'œuf, le beurre ou la margarine, le lait chaud, l'essence de vanille, le café et le sel. Incorporer progressivement le sucre en poudre jusqu'à consistance lisse.

Lady Baltimore Glaçage

Assez pour remplir et couvrir un gâteau de 23 cm/9

50 g/2 oz/1/3 tasse de raisins secs, hachés

50 g/2 oz/¼ tasse de cerises glacées (confites), hachées

50 g/2 oz/½ tasse de noix de pécan, hachées

25 g/1 oz/3 cuillères à soupe de figues séchées, hachées

2 blancs d'œufs

350g/12oz/1½ tasses de sucre cristallisé

Une pincée de tartre

75 ml/5 cuillères à soupe d'eau froide

Une pincée de sel

5 ml/1 cuillère à café d'essence de vanille (extrait)

Mélanger les raisins secs, les cerises, les noix et les figues. Fouetter les blancs d'œufs, le sucre, la crème de tartre, l'eau et le sel dans un bol résistant à la chaleur placé au-dessus d'une casserole d'eau frémissante doucement pendant environ 5 minutes jusqu'à la formation de pics fermes. Retirer du feu et incorporer l'arôme de vanille. Mélanger les fruits dans un tiers du glaçage et utiliser pour garnir le gâteau. Étalez ensuite le reste sur le dessus du gâteau et sur les bords.

Glaçage blanc

Assez pour couvrir un gâteau de 23 cm/9

225 g/8 oz/1 tasse de sucre cristallisé

1 blanc d'oeuf

30 ml/2 cuillères à soupe d'eau

15 ml/1 cuillère à soupe de sirop doré (maïs léger)

Fouetter le sucre, le blanc d'œuf et l'eau dans un bol résistant à la chaleur posé sur une casserole d'eau frémissante. Continuez à battre jusqu'à 10 minutes jusqu'à ce que le mélange épaississe et forme des pics fermes. Retirer du feu et ajouter le sirop. Continuez à battre jusqu'à ce que le mélange soit étalé.

Glaçage blanc crémeux

Assez pour remplir et couvrir un gâteau de 23 cm/9

75 ml/5 cuillères à soupe de crème (légère).

5 ml/1 cuillère à café d'essence de vanille (extrait)

75 g/3 oz/1/3 tasse de fromage à la crème

10 ml/2 cuillères à café de beurre ou de margarine, ramolli

Une pincée de sel

350 g (12 oz) de sucre glace (confiserie), tamisé

Mélanger la crème, la crème anglaise, le fromage à la crème, le beurre ou la margarine et le sel jusqu'à consistance lisse. Incorporer progressivement le sucre en poudre jusqu'à consistance lisse.

Glaçage blanc moelleux

Assez pour remplir et couvrir un gâteau de 23 cm/9

2 blancs d'œufs

350g/12oz/1½ tasses de sucre cristallisé

Une pincée de tartre

75 ml/5 cuillères à soupe d'eau froide

Une pincée de sel

5 ml/1 cuillère à café d'essence de vanille (extrait)

Fouetter les blancs d'œufs, le sucre, la crème de tartre, l'eau et le sel dans un bol résistant à la chaleur posé sur une casserole d'eau frémissante pendant environ 5 minutes jusqu'à la formation de pics fermes. Retirer du feu et incorporer l'arôme de vanille. Utilisez pour étaler le gâteau et étalez le reste sur le dessus et sur les bords.

Glaçage à la cassonade

Assez pour couvrir un gâteau de 23 cm/9

225 g/8 oz/1 tasse de cassonade douce

1 blanc d'oeuf

30 ml/2 cuillères à soupe d'eau

5 ml/1 cuillère à café d'essence de vanille (extrait)

Fouetter le sucre, le blanc d'œuf et l'eau dans un bol résistant à la chaleur posé sur une casserole d'eau frémissante. Continuez à battre jusqu'à 10 minutes jusqu'à ce que le mélange épaississe et forme des pics fermes. Retirer du feu et ajouter l'arôme de vanille. Continuez à battre jusqu'à ce que le mélange soit étalé.

Glaçage à la crème au beurre à la vanille

Assez pour remplir et couvrir un gâteau de 23 cm/9

1 blanc d'oeuf

75 g/3 oz/1/3 tasse de beurre ou de margarine, ramolli

30 ml/2 cuillères à soupe de lait chaud

5 ml/1 cuillère à café d'essence de vanille (extrait)

Une pincée de sel

350 g (12 oz/2 tasses) de sucre en poudre, tamisé

Mélanger le blanc d'œuf, le beurre ou la margarine, le lait chaud, l'essence de vanille et le sel. Incorporer progressivement le sucre en poudre jusqu'à consistance lisse.

Crème

Donne 600 ml/1 pt/2½ tasses

100 g/4 oz/½ tasse de sucre cristallisé

50 g/2 oz/¼ tasse de fécule de maïs

4 jaunes d'œufs

600 ml/1 pt/2½ tasses de lait

1 gousse de vanille (gousse)

Sucre en poudre (confiserie), tamisé, pour saupoudrer

Battre la moitié du sucre avec la semoule de maïs et les jaunes d'œufs jusqu'à ce qu'il mousse bien. Faire bouillir le reste du sucre et du lait avec la gousse de vanille. Fouetter le mélange de sucre dans le lait chaud, puis remettre à ébullition en fouettant constamment et cuire 3 minutes jusqu'à épaississement. Verser dans un bol, saupoudrer de sucre glace pour éviter la formation d'une peau et laisser refroidir. Fouetter à nouveau avant utilisation.

Remplissage de crème anglaise

Assez pour remplir un gâteau de 23 cm/9

325 ml/11 oz/11/3 tasses de lait

45 ml/3 cuillères à soupe de farine de maïs (amidon de maïs)

60 g/2½ oz/1/3 tasse de sucre cristallisé

1 oeuf

15 ml/1 cuillère à soupe de beurre ou de margarine

5 ml/1 cuillère à café d'essence de vanille (extrait)

Mélangez 30 ml/2 cuillères à soupe de lait avec la semoule de maïs, le sucre et l'œuf. Chauffer le lait restant juste en dessous du point d'ébullition dans une petite casserole. Incorporer progressivement le lait chaud au mélange d'œufs. Rincez la casserole, versez le mélange dans la casserole et remuez à feu doux jusqu'à ce qu'il épaississe. Mélanger le beurre ou la margarine et l'essence de vanille. Couvrir de papier sulfurisé (ciré) et laisser refroidir.

Garniture à la crème danoise

Donne 750 ml / 1¼ pts / 3 tasses

2 oeufs

50 g/2 oz/¼ tasse de sucre cristallisé

50 g/2 oz/½ tasse de farine ordinaire (tout usage)

600 ml/1 pt/2½ tasses de lait

¼ gousse de vanille (gousse)

Battre les oeufs et le sucre jusqu'à épaississement. Ajouter progressivement la farine. Faire chauffer le lait et la gousse de vanille jusqu'à ébullition. Retirer la gousse de vanille et incorporer le lait au mélange d'œufs. Remettre dans la casserole et cuire lentement pendant 2-3 minutes en remuant tout le temps. Laisser refroidir avant utilisation.

Riche garniture de crème anglaise danoise

Donne 750 ml / 1¼ pts / 3 tasses

4 jaunes d'œufs

30 ml/2 cuillères à soupe de sucre semoule

25 ml/1½ cuillère à soupe de farine ordinaire (tout usage)

10 ml / 2 cuillères à café de fécule de pomme de terre

450 ml/¾ pt/2 tasses de crème (légère).

Quelques gouttes d'essence de vanille (extrait)

150 ml/¼ pt/2/3 tasse de crème double (épaisse), fouettée

Mélanger les jaunes d'œufs, le sucre, la farine et la crème dans une casserole. Fouetter à feu moyen jusqu'à ce que le mélange commence à épaissir. Ajouter l'essence de vanille et laisser refroidir. Incorporer la crème fouettée.

Crème Pâtissière

Donne 300 ml/½ pt/1¼ tasse

2 œufs, séparés

45 ml/3 cuillères à soupe de farine de maïs (amidon de maïs)

300 ml/½ pt/1¼ tasse de lait

Quelques gouttes d'essence de vanille (extrait)

50 g/2 oz/¼ tasse de sucre cristallisé

Mélanger les jaunes d'œufs, la semoule de maïs et le lait dans une petite casserole jusqu'à ce qu'ils soient bien mélangés. Porter à ébullition à feu moyen, puis cuire 2 minutes en remuant constamment. Incorporer l'essence de vanille et laisser refroidir.

Battre les blancs d'œufs en neige ferme, puis ajouter la moitié du sucre et battre à nouveau jusqu'à ce que les blancs d'œufs forment des pics fermes. Mélanger le reste du sucre. Incorporer au mélange de crème et réfrigérer jusqu'au moment de l'utiliser.

Garniture à la crème de gingembre

Assez pour remplir un gâteau de 23 cm/9

100 g/4 oz/½ tasse de beurre ou de margarine, ramolli

450 g/1 lb/22/3 tasses de sucre en poudre (de confiserie), tamisé

5 ml/1 cuillère à café de gingembre moulu

30 ml/2 cuillères à soupe de lait

75 g/3 oz/¼ tasse de sirop noir (mélasse)

Battre le beurre ou la margarine avec le sucre et le gingembre jusqu'à consistance légère et crémeuse. Incorporer graduellement le lait et le sirop jusqu'à consistance lisse et tartinable. Si la garniture est trop fine, incorporer un peu de sucre.

Garniture de citron

Donne 250 ml / 8 fl oz / 1 tasse

100 g/4 oz/½ tasse de sucre cristallisé

30 ml/2 cuillères à soupe de farine de maïs (amidon de maïs)

60 ml/4 cuillères à soupe de jus de citron

15 ml/1 cuillère à soupe de zeste de citron râpé

120 ml/4 oz/½ tasse d'eau

Une pincée de sel

15 ml/1 cuillère à soupe de beurre ou de margarine

Mélanger tous les ingrédients sauf le beurre ou la margarine dans une petite casserole à feu doux, en remuant doucement jusqu'à ce que le mélange soit bien combiné. Porter à ébullition et cuire 1 minute. Incorporer le beurre ou la margarine et laisser refroidir. Refroidir avant utilisation.

Glaçage au chocolat

De quoi glacer un gâteau de 25 cm/10

50 g/2 oz/½ tasse de chocolat nature (mi-sucré), haché

50 g/2 oz/¼ tasse de beurre ou de margarine

2,5 ml/½ cuillère à café d'essence de vanille (extrait)

75 ml/5 cuillères à soupe d'eau bouillante

350 g (12 oz) de sucre glace (confiserie), tamisé

Mélanger tous les ingrédients dans un mélangeur ou un robot culinaire jusqu'à consistance lisse et presser les ingrédients au besoin. Utiliser immédiatement.

Glaçage gâteau aux fruits

De quoi glacer un gâteau de 25 cm/10

75 ml/5 cuillères à soupe de sirop doré (maïs léger)

60 ml/4 cuillères à soupe de jus d'ananas ou d'orange

Mélanger le sirop et le jus dans une petite casserole et porter à ébullition. Retirez du feu et étalez le mélange sur la surface et les bords du gâteau refroidi. Laissez-le s'installer. Faites chauffer à nouveau le glaçage jusqu'à ébullition et étalez une autre couche sur le dessus du gâteau.

Glaçage au gâteau aux fruits à l'orange

De quoi glacer un gâteau de 25 cm/10

50 g/2 oz/¼ tasse de sucre cristallisé

30 ml/2 cuillères à soupe de jus d'orange

10 ml/2 cuillères à café de zeste d'orange râpé

Mélanger les ingrédients dans une petite casserole et porter à ébullition en remuant constamment. Retirez du feu et étalez le mélange sur la surface et les bords du gâteau refroidi. Laissez-le s'installer. Faites chauffer à nouveau le glaçage jusqu'à ébullition et étalez une autre couche sur le dessus du gâteau.

Carrés de meringue aux amandes

Donne 12

225 g de pâte sablée

60 ml/4 cuillères à soupe de confiture de framboise (conservation)

2 blancs d'œufs

50 g/2 oz/½ tasse d'amandes moulues

100 g/4 oz/½ tasse de sucre cristallisé

Quelques gouttes d'essence d'amande (extrait)

25 g/1 oz/¼ tasse d'amandes effilées (hachées)

Abaisser la pâte (pâte) et chemiser un moule à brioche graissé de 30 x 20 cm/12 x 8 (jelly roll tin). Tartiner de confiture. Battre les blancs d'œufs en neige ferme puis incorporer délicatement la poudre d'amandes, le sucre et l'essence d'amandes. Étaler la confiture dessus et saupoudrer d'amandes effilées. Cuire au four préchauffé à 180°C/350°F/thermostat 4 pendant 45 minutes jusqu'à ce qu'ils soient dorés et croustillants. Laisser refroidir puis couper en carrés.

Gouttes d'ange

Donne 24

50 g/2 oz/¼ tasse de beurre ou de margarine, ramolli

50 g/2 oz/¼ tasse de saindoux (raccourci)

100 g/4 oz/½ tasse de sucre cristallisé

1 petit oeuf, battu

Quelques gouttes d'essence de vanille (extrait)

175 g/6 oz/1½ tasse de farine auto-levante (auto-levante)

45 ml/3 cuillères à soupe d'avoine

50 g/2 oz/¼ tasse de cerises glacées (confites), coupées en deux

Battre le beurre ou la margarine, le saindoux et le sucre jusqu'à consistance légère et mousseuse. Incorporer l'œuf et l'essence de vanille, incorporer la farine et mélanger en une pâte ferme. Couper en petites boules et rouler dans les flocons d'avoine. Bien espacés sur une plaque à pâtisserie graissée et saupoudrer une cerise sur chacun. Cuire au four préchauffé à 180°C/350°F/thermostat 4 pendant 20 minutes jusqu'à ce que le tout soit pris. Laisser refroidir sur la plaque.

Amandes effilées

Donne 12

100 g/4 oz/½ tasse de beurre ou de margarine

225 g/8 oz/2 tasses de farine ordinaire (tout usage)

5 ml/1 cuillère à café de levure chimique

50 g/2 oz/¼ tasse de sucre cristallisé

1 œuf, séparé

75 ml/5 cuillères à soupe de confiture de framboises (en conserve)

100 g/4 oz/2/3 tasse (confiserie) de sucre en poudre, tamisé

100 g / 4 oz / 1 tasse d'amandes effilées (tranchées)

Frotter le beurre ou la margarine dans la farine et la levure chimique jusqu'à ce que le mélange ressemble à de la chapelure. Incorporer le sucre, puis incorporer le jaune d'œuf et pétrir en une pâte ferme. Étaler sur une base légèrement farinée pour s'adapter à un moule à brioche graissé de 30 x 20 cm/12 x 8. Appuyez doucement dans le moule et soulevez légèrement les bords de la pâte pour former une lèvre. Tartiner de confiture. Battre les blancs d'œufs en neige ferme puis incorporer progressivement le sucre en poudre. Étaler la confiture dessus et saupoudrer d'amandes. Cuire dans un four préchauffé à 160°C/325°F/thermostat 3 pendant 1 heure jusqu'à ce qu'ils soient dorés et juste pris. Laisser refroidir dans le moule pendant 5 minutes, puis couper avec les doigts et démouler sur une grille pour refroidir complètement.

Tartelettes Bakewell

Donne 24

Pour la pâtisserie :

25 g/1 oz/2 cuillères à soupe de silava (raccourci)

25 g/1 oz/2 cuillères à soupe de beurre ou de margarine

100 g/4 oz/1 tasse de farine ordinaire (tout usage)

Une pincée de sel

30 ml/2 cuillères à soupe d'eau

45 ml/3 cs de confiture de framboises (en conserve)

Pour remplissage:

50 g/2 oz/¼ tasse de beurre ou de margarine, ramolli

50 g/2 oz/¼ tasse de sucre cristallisé

1 oeuf, légèrement battu

25 g/1 oz/¼ tasse de farine auto-levante (auto-levante)

25 g/1 oz/¼ tasse d'amandes moulues

Quelques gouttes d'essence d'amande (extrait)

Pour la pâte (pâte), frottez le saindoux et le beurre ou la margarine dans la farine et le sel jusqu'à ce que le mélange ressemble à de la chapelure. Mélanger suffisamment d'eau pour faire une pâte molle. Étaler finement sur une surface farinée, couper en cercles de 7,5 cm/3 et utiliser pour tapisser les parois de deux moules à pain graissés (moules à steak). Remplir de confiture.

Pour la garniture, mélanger le beurre ou la margarine et le sucre et incorporer progressivement l'œuf. Incorporer la farine, la poudre d'amandes et l'essence d'amandes. Versez le mélange dans les tartelettes et fixez les bords à la pâte afin que la confiture soit entièrement recouverte. Cuire au four préchauffé à 180°C/350°F/thermostat 4 pendant 20 minutes jusqu'à ce qu'ils soient dorés.

Gâteaux papillon au chocolat

Donne environ 12 gâteaux

Pour les gâteaux :

100 g/4 oz/½ tasse de beurre ou de margarine, ramolli

100 g/4 oz/½ tasse de sucre cristallisé

2 oeufs, légèrement battus

100 g/4 oz/1 tasse de farine auto-levante (auto-levante)

30 ml/2 cuillères à soupe de cacao en poudre (chocolat non sucré).

Une pincée de sel

30 ml/2 cuillères à soupe de lait froid

Pour le glaçage (glaçage):

50 g/2 oz/¼ tasse de beurre ou de margarine, ramolli

100 g/4 oz/2/3 tasse (confiserie) de sucre en poudre, tamisé

10 ml/2 cuillères à café de lait chaud

Pour faire les gâteaux, crémer le beurre ou la margarine et le sucre jusqu'à ce qu'ils soient légers et mousseux. Incorporer progressivement les œufs en alternant avec la farine, le cacao et le sel, puis ajouter le lait pour obtenir un mélange onctueux. Verser dans des moules à gâteaux en papier (papiers à cupcakes) ou des moules à pain graissés (moules à steak) et cuire dans un four préchauffé à 190°/375°F/thermostat 5 pendant 15 à 20 minutes jusqu'à ce qu'ils soient bien gonflés et élastiques. Laissez refroidir. Coupez le dessus des gâteaux horizontalement, puis coupez le dessus en deux verticalement pour faire les "ailes" de papillons.

Crémer le beurre ou la margarine jusqu'à ce qu'ils soient tendres pour faire le glaçage, puis incorporer la moitié du sucre glace. Fouetter le lait, puis le reste du sucre. Répartir le mélange de glaçage entre les gâteaux, puis presser les "ailes" en diagonale sur le dessus des gâteaux.

Gâteaux à la noix de coco

Donne 12

100 g de sablé

50 g/2 oz/¼ tasse de beurre ou de margarine, ramolli

50 g/2 oz/¼ tasse de sucre cristallisé

1 oeuf, battu

25 g/1 oz/2 cuillères à soupe de farine de riz

50 g/2 oz/½ tasse de noix de coco déshydratée (râpée)

1,5 ml/¼ cuillère à café de levure chimique

60 ml/4 cuillères à soupe de pâte à tartiner au chocolat

Abaisser la pâte (pâte) et tapisser les parties du moule à pain (moule à steak). Battre le beurre ou la margarine et le sucre ensemble et battre l'œuf et la farine de riz. Mélanger la noix de coco et la levure chimique. Déposer une petite cuillerée de pâte à tartiner au chocolat sur le fond de chaque monticule de pâte (fond de tarte). Versez le mélange de noix de coco sur le dessus et faites cuire dans un four préchauffé à 200°C/400°F/thermostat 6 pendant 15 minutes jusqu'à ce qu'ils soient gonflés et dorés.

Petits gâteaux sucrés

Donne 15

100 g/4 oz/½ tasse de beurre ou de margarine, ramolli

225 g/8 oz/1 tasse de sucre cristallisé

2 oeufs

5 ml/1 cuillère à café d'essence de vanille (extrait)

175 g/6 oz/1½ tasse de farine auto-levante (auto-levante)

5 ml/1 cuillère à café de levure chimique

Une pincée de sel

75 ml/5 cuillères à soupe de lait

Battre le beurre ou la margarine et le sucre jusqu'à consistance légère et mousseuse. Ajouter les œufs et la crème pâtissière petit à petit en battant bien après chaque ajout. Incorporer la farine, la levure chimique et le sel en alternance avec le lait en fouettant bien. Versez le mélange dans des moules à cake en papier (papiers à cupcakes) et faites cuire dans un four préchauffé à 190°C/375°F/thermostat 5 pendant 20 minutes, jusqu'à ce qu'un cure-dent inséré au centre en ressorte propre.

Gâteaux aux points de café

Donne 12

Pour les gâteaux :

100 g/4 oz/½ tasse de beurre ou de margarine, ramolli

100 g/4 oz/½ tasse de sucre cristallisé

2 oeufs, légèrement battus

100 g/4 oz/1 tasse de farine auto-levante (auto-levante)

10 ml/2 cuillères à café d'essence de café (extrait)

Pour le glaçage (glaçage):

50 g/2 oz/¼ tasse de beurre ou de margarine, ramolli

100 g/4 oz/2/3 tasse (confiserie) de sucre en poudre, tamisé

Quelques gouttes d'essence de café (extrait)

100 g/4 oz/1 tasse de pépites de chocolat

Pour faire les gâteaux, crémer le beurre ou la margarine et le sucre jusqu'à ce qu'ils soient légers et mousseux. Incorporer les œufs petit à petit et incorporer la farine et l'essence de café. Versez le mélange dans des moules à gâteau en papier (papiers à cupcakes) tapissés d'un moule à rouler (moule à steak) et faites cuire dans un four préchauffé à 180°C/350°F/thermostat 4 pendant 20 minutes jusqu'à ce qu'ils soient bien gonflés et élastiques. Laissez refroidir.

Crémer le beurre ou la margarine jusqu'à ce qu'ils soient tendres pour faire le glaçage, puis incorporer le sucre glace et l'essence de café. Répartir sur la surface des gâteaux et décorer de copeaux de chocolat.

Gâteaux Eccles

Donne 16

50 g/2 oz/¼ tasse de beurre ou de margarine

50 g/2 oz/¼ tasse de cassonade douce

225 g/8 oz/1 1/3 tasses de raisins secs

450 g de pâte feuilletée ou pâte feuilletée

Un peu de lait

45 ml/3 cuillères à soupe de sucre fin

Faire fondre le beurre ou la margarine et la cassonade à feu doux en remuant bien. Retirer du feu et incorporer les raisins de Corinthe. Laisser refroidir légèrement. Abaisser la pâte (pâte) sur une surface farinée et découper en 16 cercles. Divisez le mélange de remplissage entre les cercles, pliez les bords vers le centre et badigeonnez d'eau pour sceller les bords ensemble. Retournez les gâteaux et roulez-les légèrement avec un rouleau à pâtisserie pour les aplatir un peu. Coupez trois fentes au-dessus de chacune, badigeonnez de lait et saupoudrez de sucre. Placer sur une plaque à pâtisserie graissée et cuire au four préchauffé à 200°C/400°F/thermostat 6 pendant 20 minutes jusqu'à ce qu'ils soient dorés.

Gâteaux de fée

Donne environ 12

100 g/4 oz/½ tasse de beurre ou de margarine, ramolli

100 g/4 oz/½ tasse de sucre cristallisé

2 oeufs, légèrement battus

100 g/4 oz/1 tasse de farine auto-levante (auto-levante)

Une pincée de sel

30 ml/2 cuillères à café de lait

Quelques gouttes d'essence de vanille (extrait)

Battre le beurre ou la margarine et le sucre jusqu'à consistance légère et mousseuse. Incorporer progressivement les œufs en alternant avec la farine et le sel, puis ajouter le lait et l'essence de vanille jusqu'à l'obtention d'un mélange onctueux. Verser dans des moules à gâteaux en papier (moules à cupcakes) ou des moules à pain graissés (moules à steak) et cuire dans un four préchauffé à 190°C/375°F/thermostat 5 pendant 15 à 20 minutes jusqu'à ce qu'ils soient bien gonflés et élastiques.

Gâteaux de fées givrés plumes

Donne 12

50 g/2 oz/¼ tasse de beurre ou de margarine, ramolli

50 g/2 oz/¼ tasse de sucre cristallisé

1 oeuf

50 g/2 oz/½ tasse de farine auto-levante (auto-levante)

100 g/4 oz/2/3 tasse (confiserie) de sucre en poudre

15 ml/1 cuillère à soupe d'eau tiède

Quelques gouttes de colorant alimentaire

Battre le beurre ou la margarine et le sucre jusqu'à consistance légère et mousseuse. Incorporer l'oeuf petit à petit puis incorporer la farine. Répartir le mélange dans 12 papiers (moules à cupcakes) tapissés de moules à muffins (moules à steak). Cuire au four préchauffé à 160°C/325°F/thermostat 3 pendant 15-20 minutes jusqu'à ce qu'ils soient gonflés et élastiques. Laissez refroidir.

Mélanger le sucre en poudre et l'eau tiède ensemble. Colorez un tiers du glaçage (glaçage) avec le colorant alimentaire de votre choix. Répartir le glaçage blanc sur le dessus des gâteaux. Appliquez le glaçage coloré en lignes sur le gâteau, puis tracez la pointe du couteau perpendiculairement aux lignes, d'abord dans un sens, puis dans l'autre sens pour créer un motif ondulé. Laisser prendre.

Les fantaisies de Gênes

Donne 12

3 oeufs, légèrement battus

75 g/3 oz/1/3 tasse de sucre cristallisé

75 g/3 oz/¾ tasse de farine auto-levante (auto-levante)

Quelques gouttes d'essence de vanille (extrait)

25 g/1 oz/2 cuillères à soupe de beurre ou de margarine, fondu et réfrigéré

60 ml/4 cuillères à soupe de confiture d'abricots (en conserve), tamisée (passée)

60 ml/4 cuillères à soupe d'eau

225 g/8 oz/11/3 tasses de sucre en poudre (de confiseur), tamisé

Quelques gouttes de colorant alimentaire rose et bleu (facultatif)

Décorations de gâteaux

Placer les œufs et le sucre glace dans un bol résistant à la chaleur posé sur de l'eau frémissante. Battre jusqu'à ce que le mélange se détache du fouet en rubans. Incorporer la farine et l'essence de vanille, puis le beurre ou la margarine. Versez le mélange dans un moule à roulé beurré de 30 x 20 cm/12 x 8 et faites cuire dans un four préchauffé à 190°C/375°F/thermostat 5 pendant 30 minutes. Laisser refroidir puis découper en formes. Chauffez la confiture avec 30 ml/2 cuillères à soupe d'eau et étalez-la sur les gâteaux.

Tamiser le sucre en poudre dans un bol. Si vous souhaitez que le glaçage soit de différentes couleurs, divisez-le dans des bols séparés et faites un puits au milieu de chacun. Ajouter graduellement quelques gouttes de colorant alimentaire et juste assez d'eau restante pour mélanger dans un glaçage assez ferme. Répartir sur les gâteaux et décorer selon vos envies.

Macarons aux amandes

Donne 16

Papier de riz

100 g/4 oz/½ tasse de sucre cristallisé

50 g/2 oz/½ tasse d'amandes moulues

5 ml/1 cuillère à café de riz moulu

Quelques gouttes d'essence d'amande (extrait)

1 blanc d'oeuf

8 amandes fendues, coupées en deux

Tapisser une plaque à pâtisserie (biscuit) de papier de riz. Mélanger tous les ingrédients, sauf les amandes émondées, en une pâte ferme et bien battre. Déposer des cuillerées du mélange sur une plaque à pâtisserie et garnir chacune d'une demi-amande. Cuire au four préchauffé à 150°C/325°F/thermostat 3 pendant 25 minutes. Laisser refroidir sur la plaque de cuisson et couper ou déchirer autour de chacun pour le décoller de la feuille de papier de riz.

Macarons à la noix de coco

Donne 16

2 blancs d'œufs

150g/5oz/2/3 tasse de sucre cristallisé

150 g/5 oz/1¼ tasse de noix de coco déshydratée (râpée)

Papier de riz

8 cerises glacées (confites), coupées en deux

Battez les blancs d'œufs jusqu'à ce qu'ils forment des pics fermes. Incorporer le sucre jusqu'à ce que le mélange forme des pics fermes. Incorporer la noix de coco. Placer une feuille de riz sur une plaque à pâtisserie et déposer une cuillerée du mélange sur la plaque. Déposer une moitié de cerise sur chacune. Cuire au four préchauffé à 160°C/thermostat 3 pendant 30 minutes jusqu'à cuisson. Laisser refroidir la feuille de riz et couper ou déchirer autour de chacune pour la dégager de la feuille de papier de riz.

Macaroni au citron vert

Donne 12

100 g de sablé

60 ml/4 cuillères à soupe de marmelade de citron vert

2 blancs d'œufs

50 g/2 oz/¼ tasse de sucre cristallisé

25 g/1 oz/¼ tasse d'amandes moulues

10 ml/2 cuillères à café de riz moulu

5 ml/1 cuillère à café d'eau de fleur d'oranger

Abaisser la pâte (pâte) et tapisser les parties du moule à pain (moule à steak). Déposer une petite cuillerée de marmelade dans chaque fond de tarte (fond de tarte). Battez les blancs d'œufs jusqu'à ce qu'ils forment des pics fermes. Fouettez le sucre jusqu'à ce qu'il soit ferme et brillant. Incorporer les amandes, le riz et l'eau de fleur d'oranger. Verser dans les caissettes en recouvrant complètement la marmelade. Cuire au four préchauffé à 180°C/350°F/thermostat 4 pendant 30 minutes jusqu'à ce qu'ils soient gonflés et dorés.

Macaronis à l'avoine

Donne 24

175 g/6 oz/1½ tasse de flocons d'avoine

175 g/6 oz/¾ tasse de sucre muscovado

120 ml/4 oz/½ tasse d'huile

1 oeuf

2,5 ml/½ cuillère à café de sel

2,5 ml/½ cuillère à café d'essence d'amande (extrait)

Mélanger les flocons d'avoine, le sucre et l'huile et laisser reposer 1 heure. Fouetter l'œuf, le sel et l'essence d'amande. Placer des cuillerées du mélange sur une plaque à pâtisserie graissée et cuire dans un four préchauffé à 160°C/325°F/thermostat 3 pendant 20 minutes jusqu'à ce qu'ils soient dorés.

Madeleine

Donne 9

100 g/4 oz/½ tasse de beurre ou de margarine, ramolli

100 g/4 oz/½ tasse de sucre cristallisé

2 oeufs, légèrement battus

100 g/4 oz/1 tasse de farine auto-levante (auto-levante)

175 g/6 oz/½ tasse de confiture de fraises ou de framboises (en conserve)

60 ml/4 cuillères à soupe d'eau

50 g/2 oz/½ tasse de noix de coco déshydratée (râpée)

5 cerises glacées (confites), coupées en deux

Battre le beurre ou la margarine jusqu'à consistance légère et mousseuse, puis battre le sucre jusqu'à ce qu'il soit léger et mousseux. Incorporer les œufs petit à petit et incorporer la farine. Répartir dans neuf moules à dariole graissés et déposer sur une plaque à pâtisserie. Cuire au four préchauffé à 190°C/375°F/thermostat 5 pendant 20 minutes jusqu'à ce qu'ils soient bien gonflés et dorés. Laisser refroidir dans les moules pendant 5 minutes puis démouler sur une grille pour refroidir complètement.

Couper le dessus de chaque gâteau pour former une base uniforme. Filtrer (filtrer) la confiture et faire bouillir avec l'eau dans une petite casserole, en remuant, jusqu'à ce qu'elle soit bien mélangée. Étalez la noix de coco sur une grande feuille de papier sulfurisé (ciré). Insérez les brochettes dans le fond du premier gâteau, badigeonnez de glaçage à la confiture, puis roulez dans la noix de coco jusqu'à ce qu'elles soient enrobées. Placer sur une assiette de service. Répéter avec d'autres gâteaux. Garnir de cerises en verre coupées en deux.

Gâteaux de massepain

Donne environ 12

450 g/1 lb/4 tasses d'amandes moulues

100 g/4 oz/2/3 tasse (confiserie) de sucre en poudre, tamisé

100 g/4 oz/½ tasse de sucre cristallisé

30 ml/2 cuillères à soupe d'eau

3 blancs d'œufs

                    Pour le glaçage (glaçage):
100 g/4 oz/2/3 tasse (confiserie) de sucre en poudre, tamisé

1 blanc d'oeuf

2,5 ml/½ cuillère à café de vinaigre

Mélanger tous les ingrédients du gâteau dans une casserole et chauffer doucement en remuant jusqu'à ce que la pâte ait absorbé tout le liquide. Retirer du feu et laisser refroidir. Étaler sur une surface légèrement farinée à 1 cm/½ d'épaisseur et couper en bandes de 3 cm/1½. Couper en morceaux de 5 cm/2, placer sur une plaque à pâtisserie graissée et cuire dans un four préchauffé à 150°C/300°F/thermostat 2 pendant 20 minutes jusqu'à ce que la surface soit légèrement dorée. Laissez refroidir.

Pour faire le glaçage, mélangez progressivement les blancs d'œufs et le vinaigre dans le sucre en poudre jusqu'à obtenir un glaçage lisse et épais. Verser le glaçage sur les gâteaux.

Muffins

Donne 12

225 g/8 oz/2 tasses de farine ordinaire (tout usage)

100 g/4 oz/½ tasse de sucre cristallisé

10 ml / 2 cuillères à café de levure chimique

2,5 ml/½ cuillère à café de sel

1 oeuf, légèrement battu

250 ml/8 oz/1 tasse de lait

120 ml/4 oz/½ tasse d'huile

Mélanger la farine, le sucre, la levure chimique et le sel et faire un puits au milieu. Mélangez le reste des ingrédients ensemble et mélangez-les aux ingrédients secs jusqu'à ce qu'ils soient juste combinés. Ne mélangez pas trop. Verser dans des moules à muffins (papiers) ou des moules à muffins graissés (moules) et cuire dans un four préchauffé à 200°C/400°F/thermostat 6 pendant 20 minutes jusqu'à ce qu'ils soient bien gonflés et élastiques.

Muffins à la pomme

Donne 12

225 g/8 oz/2 tasses de farine ordinaire (tout usage)

100 g/4 oz/½ tasse de sucre cristallisé

10 ml / 2 cuillères à café de levure chimique

2,5 ml/½ cuillère à café de sel

1 oeuf, légèrement battu

250 ml/8 oz/1 tasse de lait

120 ml/4 oz/½ tasse d'huile

2 pommes comestibles (dessert), pelées, évidées et hachées

Mélanger la farine, le sucre, la levure chimique et le sel et faire un puits au milieu. Mélangez le reste des ingrédients ensemble et mélangez-les aux ingrédients secs jusqu'à ce qu'ils soient juste combinés. Ne mélangez pas trop. Verser dans des moules à muffins (papiers) ou des moules à muffins graissés (moules) et cuire dans un four préchauffé à 200°C/400°F/thermostat 6 pendant 20 minutes jusqu'à ce qu'ils soient bien gonflés et élastiques.

muffins à la banane

Donne 12

225 g/8 oz/2 tasses de farine ordinaire (tout usage)

100 g/4 oz/½ tasse de sucre cristallisé

10 ml / 2 cuillères à café de levure chimique

2,5 ml/½ cuillère à café de sel

1 oeuf, légèrement battu

250 ml/8 oz/1 tasse de lait

120 ml/4 oz/½ tasse d'huile

2 bananes, écrasées

Mélanger la farine, le sucre, la levure chimique et le sel et faire un puits au milieu. Mélangez le reste des ingrédients ensemble et mélangez-les aux ingrédients secs jusqu'à ce qu'ils soient juste combinés. Ne mélangez pas trop. Verser dans des moules à muffins (papiers) ou des moules à muffins graissés (moules) et cuire dans un four préchauffé à 200°C/400°F/thermostat 6 pendant 20 minutes jusqu'à ce qu'ils soient bien gonflés et élastiques.

Muffins au cassis

Donne 12

225 g/8 oz/2 tasses de farine auto-levante (auto-levante)

75 g/3 oz/1/3 tasse de sucre cristallisé

2 blancs d'œufs

75g/3oz de cassis

200 ml / 7 fl oz / à peine 1 tasse de lait

30 ml/2 cuillères à soupe d'huile

Mélanger la farine et le sucre ensemble. Battez légèrement les blancs d'œufs jusqu'à ce qu'ils soient mousseux, puis mélangez-les aux ingrédients secs. Incorporer les cassis, le lait et l'huile. Versez dans le(s) moule(s) à muffins graissés et faites cuire dans un four préchauffé à 200°C/400°F/thermostat 6 pendant 15-20 minutes jusqu'à ce qu'ils soient dorés.

Muffins américains aux myrtilles

Donne 12

150 g/5 oz/1¼ tasse de farine ordinaire (tout usage)

75 g/3 oz/¾ tasse de semoule de maïs

75 g/3 oz/1/3 tasse de sucre cristallisé

10 ml / 2 cuillères à café de levure chimique

Une pincée de sel

1 oeuf, légèrement battu

75 g/3 oz/1/3 tasse de beurre ou de margarine, fondu

250 ml / 8 fl oz / 1 tasse de babeurre

100 g/4 oz de myrtilles

Mélanger la farine, la semoule de maïs, le sucre, la levure chimique et le sel et faire un puits au milieu. Ajouter l'œuf, le beurre ou la margarine et le babeurre et mélanger jusqu'à consistance lisse. Mélanger les bleuets ou les mûres. Versez dans des moules à muffins (papier) et faites cuire dans un four préchauffé à 200°C/400°F/thermostat 6 pendant 20 minutes jusqu'à ce qu'ils soient dorés et élastiques.

Muffins aux cerises

Donne 12

225 g/8 oz/2 tasses de farine ordinaire (tout usage)

100 g/4 oz/½ tasse de sucre cristallisé

100 g/4 oz/½ tasse de cerises glacées (confites)

10 ml / 2 cuillères à café de levure chimique

2,5 ml/½ cuillère à café de sel

1 oeuf, légèrement battu

250 ml/8 oz/1 tasse de lait

120 ml/4 oz/½ tasse d'huile

Mélanger la farine, le sucre, les cerises, la levure chimique et le sel et faire un puits au milieu. Mélangez le reste des ingrédients ensemble et mélangez-les aux ingrédients secs jusqu'à ce qu'ils soient juste combinés. Ne mélangez pas trop. Verser dans des moules à muffins (papiers) ou des moules à muffins graissés (moules) et cuire dans un four préchauffé à 200°C/400°F/thermostat 6 pendant 20 minutes jusqu'à ce qu'ils soient bien gonflés et élastiques.

muffins au chocolat

Donne 10-12

175 g/6 oz/1½ tasse de farine ordinaire (tout usage)

40 g/1½ oz/1/3 tasse de poudre de cacao (chocolat non sucré)

100 g/4 oz/½ tasse de sucre cristallisé

10 ml / 2 cuillères à café de levure chimique

2,5 ml/½ cuillère à café de sel

1 œuf large

250 ml/8 oz/1 tasse de lait

2,5 ml/½ cuillère à café d'essence de vanille (extrait)

120 ml / 4 fl oz / ½ tasse d'huile de tournesol ou végétale

Mélanger les ingrédients secs ensemble et faire un puits au milieu. Mélanger soigneusement l'œuf, le lait, l'essence de vanille et l'huile. Mélanger rapidement le liquide dans les ingrédients secs jusqu'à ce qu'ils soient combinés. Ne pas trop mélanger; le mélange doit être grumeleux. Verser dans des moules à muffins (papiers) ou des moules (moules) et cuire dans un four préchauffé à 200°C/400°F/thermostat 6 pendant environ 20 minutes, jusqu'à ce qu'ils soient bien gonflés et élastiques.

muffins au chocolat

Donne 12

175 g/6 oz/1½ tasse de farine ordinaire (tout usage)

100 g/4 oz/½ tasse de sucre cristallisé

45 ml/3 cuillères à soupe de cacao en poudre (chocolat non sucré).

100 g/4 oz/1 tasse de pépites de chocolat

10 ml / 2 cuillères à café de levure chimique

2,5 ml/½ cuillère à café de sel

1 oeuf, légèrement battu

250 ml/8 oz/1 tasse de lait

120 ml/4 oz/½ tasse d'huile

2,5 ml/½ cuillère à café d'essence de vanille (extrait)

Mélanger la farine, le sucre, le cacao, les pépites de chocolat, la levure chimique et le sel et faire un puits au milieu. Mélangez le reste des ingrédients ensemble et mélangez-les aux ingrédients secs jusqu'à ce qu'ils soient juste combinés. Ne mélangez pas trop. Verser dans des moules à muffins (papiers) ou des moules à muffins graissés (moules) et cuire dans un four préchauffé à 200°C/400°F/thermostat 6 pendant 20 minutes jusqu'à ce qu'ils soient bien gonflés et élastiques.

petit gâteau au cannelle

Donne 12

225 g/8 oz/2 tasses de farine ordinaire (tout usage)

100 g/4 oz/½ tasse de sucre cristallisé

10 ml / 2 cuillères à café de levure chimique

5 ml/1 cuillère à café de cannelle moulue

2,5 ml/½ cuillère à café de sel

1 oeuf, légèrement battu

250 ml/8 oz/1 tasse de lait

120 ml/4 oz/½ tasse d'huile

Mélanger la farine, le sucre, la levure chimique, la cannelle et le sel et faire un puits au milieu. Mélangez le reste des ingrédients ensemble et mélangez-les aux ingrédients secs jusqu'à ce qu'ils soient juste combinés. Ne mélangez pas trop. Verser dans des moules à muffins (papiers) ou des moules à muffins graissés (moules) et cuire dans un four préchauffé à 200°C/400°F/thermostat 6 pendant 20 minutes jusqu'à ce qu'ils soient bien gonflés et élastiques.

Muffins à la semoule de maïs

Donne 12

50 g/2 oz/½ tasse de farine ordinaire (tout usage)

100 g/4 oz/1 tasse de semoule de maïs

5 ml/1 cuillère à café de levure chimique

1 œuf, séparé

1 jaune d'oeuf

30 ml/2 cuillères à soupe d'huile de maïs

30 ml/2 cuillères à soupe de lait

Mélanger la farine, la semoule de maïs et la levure chimique ensemble. Mélangez les jaunes d'œufs, l'huile et le lait, puis mélangez-les aux ingrédients secs. Battre le blanc d'œuf en neige ferme puis l'incorporer au mélange. Versez dans des moules à muffins (papiers) ou des moules à muffins graissés (moules) et faites cuire dans un four préchauffé à 200°C/400°F/thermostat 6 pendant environ 20 minutes jusqu'à ce qu'ils soient dorés.

Muffins entiers aux figues

Donne 10

100 g/4 oz/1 tasse de farine de blé entier

5 ml/1 cuillère à café de levure chimique

50 g/2 oz/½ tasse d'avoine

50 g/2 oz/1/3 tasse de figues séchées, hachées

45 ml/3 cuillères à soupe d'huile

75 ml/5 cuillères à soupe de lait

15 ml/1 cuillère à soupe de sirop noir (mélasse)

1 oeuf, légèrement battu

Mélanger la farine, la levure chimique et les flocons d'avoine, puis incorporer les figues. Chauffez l'huile, le lait et le sirop jusqu'à ce qu'ils soient combinés, puis mélangez-les aux ingrédients secs avec l'œuf et mélangez pour former une pâte ferme. Placer des cuillerées du mélange dans des moules à muffins (papiers) ou des moules à muffins graissés (moules) et cuire dans un four préchauffé à 190°C/375°F/thermostat 5 pendant environ 20 minutes jusqu'à ce qu'ils soient dorés.

Muffins aux fruits et au son

Donne 8

100 g/4 oz/1 tasse de céréales All Bran

50 g/2 oz/½ tasse de farine ordinaire (tout usage)

2,5 ml/½ cuillère à café de levure chimique

5 ml/1 cuillère à café de bicarbonate de soude (bicarbonate de soude)

5 ml/1 c. à thé d'épices moulues (tarte aux pommes)

50 g/2 oz/1/3 tasse de raisins secs

100 g/4 oz/1 tasse de compote de pommes (sauce)

5 ml/1 cuillère à café d'essence de vanille (extrait)

30 ml/2 cuillères à soupe de lait

Mélanger les ingrédients secs ensemble et faire un puits au milieu. Incorporer les raisins secs, la compote de pommes et la crème anglaise et suffisamment de lait pour obtenir un mélange moelleux. Verser dans des moules à muffins (papiers) ou des moules à muffins graissés (moules) et cuire dans un four préchauffé à 200°C/400°F/thermostat 6 pendant 20 minutes jusqu'à ce qu'ils soient bien gonflés et dorés.

Muffins à l'avoine

Donne 20

100 g/4 oz/1 tasse de flocons d'avoine

100 g/4 oz/1 tasse de flocons d'avoine

225 g/8 oz/2 tasses de farine de blé entier

10 ml / 2 cuillères à café de levure chimique

50 g/2 oz/1/3 tasse de raisins secs (facultatif)

375 ml/13 oz/1½ tasse de lait

10 ml / 2 cuillères à café d'huile

2 blancs d'œufs

Mélanger les flocons d'avoine, la farine et la levure chimique et incorporer les raisins secs, le cas échéant. Mélanger le lait et l'huile. Battre les blancs d'œufs en neige ferme puis les incorporer au mélange. Versez dans des moules à muffins (papiers) ou des moules à muffins graissés (moules) et faites cuire dans un four préchauffé à 190°C/375°F/thermostat 5 pendant environ 25 minutes jusqu'à ce qu'ils soient dorés.

Muffins aux flocons d'avoine et aux fruits

Donne 10

100 g/4 oz/1 tasse de farine de blé entier

100 g/4 oz/1 tasse de flocons d'avoine

15 ml/1 cuillère à soupe de levure chimique

100 g/4 oz/2/3 tasse de raisins secs (raisins dorés)

50 g/2 oz/½ tasse de noix hachées

1 pomme à manger (dessert) pelée, épépinée et râpée

45 ml/3 cuillères à soupe d'huile

30 ml/2 cuillères à soupe de miel clair

15 ml/1 cuillère à soupe de sirop noir (mélasse)

1 oeuf, légèrement battu

90 ml/6 cuillères à soupe de lait

Mélangez ensemble la farine, les flocons d'avoine et la levure chimique. Incorporer les raisins secs, les noix et la pomme. Faire chauffer l'huile, le miel et le sirop jusqu'à ce qu'ils soient fondus, puis incorporer l'œuf et suffisamment de lait pour faire un léger filet. Versez dans des moules à muffins (papiers) ou des moules à muffins graissés (moules) et faites cuire dans un four préchauffé à 190°C/375°F/thermostat 5 pendant environ 25 minutes jusqu'à ce qu'ils soient dorés.

Muffins à l'orange

Donne 12

100 g/4 oz/1 tasse de farine auto-levante (auto-levante)

100 g/4 oz/½ tasse de cassonade douce

1 oeuf, légèrement battu

120 ml/4 oz/½ tasse de jus d'orange

60 ml/4 cuillères à soupe d'huile

2,5 ml/½ cuillère à café d'essence de vanille (extrait)

25 g/1 oz/2 cuillères à soupe de beurre ou de margarine

30 ml/2 cuillères à soupe de farine ordinaire (générale)

2,5 ml/½ cuillère à café de cannelle moulue

Dans un bol, mélanger la farine levée et la moitié du sucre. Mélangez l'œuf, le jus d'orange, l'huile et l'essence de vanille, puis mélangez-les aux ingrédients secs jusqu'à ce qu'ils soient juste combinés. Ne mélangez pas trop. Versez dans des moules à muffins (papiers) ou des moules à muffins graissés (moules) et faites cuire dans un four préchauffé à 200°C/400°F/thermostat 6 pendant 10 minutes.

Pendant ce temps, mélanger le beurre ou la margarine dans la garniture avec de la farine ordinaire et incorporer le reste du sucre et de la cannelle. Saupoudrez les muffins et remettez-les au four encore 5 minutes jusqu'à ce qu'ils soient bien dorés.

Muffins à la pêche

Donne 12

225 g/8 oz/2 tasses de farine ordinaire (tout usage)

100 g/4 oz/½ tasse de sucre cristallisé

10 ml / 2 cuillères à café de levure chimique

2,5 ml/½ cuillère à café de sel

1 oeuf, légèrement battu

175 ml/6 oz liq./¾ tasse de lait

120 ml/4 oz/½ tasse d'huile

200 g/7 oz/1 petite boîte de pêches, égouttées et hachées

Mélanger la farine, le sucre, la levure chimique et le sel et faire un puits au milieu. Mélangez le reste des ingrédients ensemble et mélangez-les aux ingrédients secs jusqu'à ce qu'ils soient juste combinés. Ne mélangez pas trop. Verser dans des moules à muffins (papiers) ou des moules à muffins graissés (moules) et cuire dans un four préchauffé à 200°C/400°F/thermostat 6 pendant 20 minutes jusqu'à ce qu'ils soient bien gonflés et élastiques.

Muffins au beurre d'arachide

Donne 12

225 g/8 oz/2 tasses de farine ordinaire (tout usage)

100 g/4 oz/½ tasse de cassonade douce

10 ml / 2 cuillères à café de levure chimique

2,5 ml/½ cuillère à café de sel

1 oeuf, légèrement battu

250 ml/8 oz/1 tasse de lait

120 ml/4 oz/½ tasse d'huile

45 ml/3 cuillères à soupe de beurre de cacahuète

Mélanger la farine, le sucre, la levure chimique et le sel et faire un puits au milieu. Mélangez le reste des ingrédients ensemble et mélangez-les aux ingrédients secs jusqu'à ce qu'ils soient juste combinés. Ne mélangez pas trop. Verser dans des moules à muffins (papiers) ou des moules à muffins graissés (moules) et cuire dans un four préchauffé à 200°C/400°F/thermostat 6 pendant 20 minutes jusqu'à ce qu'ils soient bien gonflés et élastiques.

Muffins à l'ananas

Donne 12

225 g/8 oz/2 tasses de farine ordinaire (tout usage)

100 g/4 oz/½ tasse de cassonade douce

10 ml / 2 cuillères à café de levure chimique

2,5 ml/½ cuillère à café de sel

1 oeuf, légèrement battu

175 ml/6 oz liq./¾ tasse de lait

120 ml/4 oz/½ tasse d'huile

200g/7oz/1 petite boîte d'ananas, égoutté et haché

30 ml/2 cuillères à soupe de sucre demerara

Mélangez la farine, la cassonade, la levure chimique et le sel et faites un puits au milieu. Mélanger tous les autres ingrédients sauf le sucre demerara et mélanger dans les ingrédients secs jusqu'à ce qu'ils soient juste combinés. Ne mélangez pas trop. Verser dans des moules à muffins (papiers) ou des moules à muffins graissés (moules) et saupoudrer de sucre demerara. Cuire au four préchauffé à 200°C/400°F/thermostat 6 pendant 20 minutes jusqu'à ce qu'ils soient bien gonflés et élastiques.

Muffin Framboise

Donne 12

225 g/8 oz/2 tasses de farine ordinaire (tout usage)

100 g/4 oz/½ tasse de sucre cristallisé

10 ml / 2 cuillères à café de levure chimique

2,5 ml/½ cuillère à café de sel

200 g/7 oz de framboises

1 oeuf, légèrement battu

250 ml/8 oz/1 tasse de lait

120 ml/4 fl oz/½ tasse d'huile végétale

Mélanger ensemble la farine, le sucre, la levure chimique et le sel. Incorporer les framboises et faire un puits au milieu. Mélanger l'œuf, le lait et l'huile et verser sur les ingrédients secs. Mélanger doucement jusqu'à ce que tous les ingrédients secs soient incorporés mais que le mélange soit encore grumeleux. Ne frappez pas trop fort. Versez le mélange dans des moules à muffins (papiers) ou des moules à muffins graissés (moules) et faites cuire dans un four préchauffé à 200°C/400°F/thermostat 6 pendant 20 minutes jusqu'à ce qu'ils soient bien gonflés et élastiques.

Muffins framboise et citron

Donne 12

175 g/6 oz/1½ tasse de farine ordinaire (tout usage)

50 g/2 oz/¼ tasse de sucre cristallisé

50 g/2 oz/¼ tasse de cassonade douce

10 ml / 2 cuillères à café de levure chimique

5 ml/1 cuillère à café de cannelle moulue

Une pincée de sel

1 oeuf, légèrement battu

100 g/4 oz/½ tasse de beurre ou de margarine, fondu

120 ml/4 oz/½ tasse de lait

100 g/4 oz de framboises fraîches

10 ml/2 cuillères à café de zeste de citron râpé

Pour remplissage:
75 g/3 oz/½ tasse de sucre en poudre (confiserie), tamisé

15 ml/1 cuillère à soupe de jus de citron

Mélanger la farine, le sucre granulé, la cassonade, la poudre à pâte, la cannelle et le sel dans un bol et faire un puits au milieu. Ajouter l'œuf, le beurre ou la margarine et le lait et mélanger jusqu'à ce que les ingrédients soient juste combinés. Mélanger les framboises et le zeste de citron. Verser dans des moules à muffins (papiers) ou des moules à muffins graissés (moules) et cuire dans un four préchauffé à 180°C/350°F/thermostat 4 pendant 20 minutes jusqu'à ce qu'ils soient dorés et élastiques. Mélanger le sucre glace et le jus de citron comme garniture et arroser les muffins chauds.

Muffins Sultana

Donne 12

225 g/8 oz/2 tasses de farine ordinaire (tout usage)

100 g/4 oz/½ tasse de sucre cristallisé

100 g/4 oz/2/3 tasse de raisins secs (raisins dorés)

10 ml / 2 cuillères à café de levure chimique

5 ml/1 c. à thé d'épices moulues (tarte aux pommes)

2,5 ml/½ cuillère à café de sel

1 oeuf, légèrement battu

250 ml/8 oz/1 tasse de lait

120 ml/4 oz/½ tasse d'huile

Mélanger la farine, le sucre, les raisins secs, la levure chimique, le mélange d'épices et le sel et faire un puits au milieu. Mélanger le reste des ingrédients jusqu'à ce qu'ils soient juste combinés. Verser dans des moules à muffins (papiers) ou des moules à muffins graissés (moules) et cuire dans un four préchauffé à 200°C/400°F/thermostat 6 pendant 20 minutes jusqu'à ce qu'ils soient bien gonflés et élastiques.

Muffins au sirop

Donne 12

225 g/8 oz/2 tasses de farine ordinaire (tout usage)

100 g/4 oz/½ tasse de cassonade douce

10 ml / 2 cuillères à café de levure chimique

2,5 ml/½ cuillère à café de sel

1 oeuf, légèrement battu

175 ml/6 oz liq./¾ tasse de lait

60 ml/4 cuillères à soupe de sirop noir (mélasse)

120 ml/4 oz/½ tasse d'huile

Mélanger la farine, le sucre, la levure chimique et le sel et faire un puits au milieu. Mélanger le reste des ingrédients jusqu'à ce qu'ils soient juste combinés. Ne mélangez pas trop. Verser dans des moules à muffins (papiers) ou des moules à muffins graissés (moules) et cuire dans un four préchauffé à 200°C/400°F/thermostat 6 pendant 20 minutes jusqu'à ce qu'ils soient bien gonflés et élastiques.

Muffins au sirop et à l'avoine

Donne 10

100 g/4 oz/1 tasse de farine ordinaire (tout usage)

175 g/6 oz/1½ tasse de flocons d'avoine

100 g/4 oz/½ tasse de cassonade douce

15 ml/1 cuillère à soupe de levure chimique

5 ml/1 cuillère à café de cannelle moulue

2,5 ml/½ cuillère à café de sel

1 oeuf, légèrement battu

120 ml/4 oz/½ tasse de lait

60 ml/4 cuillères à soupe de sirop noir (mélasse)

75 ml/5 cuillères à soupe d'huile

Mélanger la farine, les flocons d'avoine, le sucre, la levure chimique, la cannelle et le sel et faire un puits au milieu. Mélangez le reste des ingrédients ensemble, puis mélangez-les aux ingrédients secs jusqu'à ce qu'ils soient juste combinés. Ne mélangez pas trop. Verser dans des moules à muffins (papiers) ou des moules à muffins graissés (moules) et cuire dans un four préchauffé à 200°C/400°F/thermostat 6 pendant 15 minutes jusqu'à ce qu'ils soient bien gonflés et élastiques.

Pain grillé à l'avoine

Donne 8

225 g/8 oz/2 tasses d'avoine

100 g/4 oz/1 tasse de farine de blé entier

5 ml/1 cuillère à café de sel

5 ml/1 cuillère à café de levure chimique

50 g/2 oz/¼ tasse de saindoux (raccourci)

30 ml/2 cuillères à soupe d'eau froide

Mélanger les ingrédients secs ensemble puis frotter dans le saindoux jusqu'à ce que le mélange ressemble à de la chapelure. Incorporer suffisamment d'eau pour former une pâte ferme. Étaler sur un plan de travail légèrement fariné en disques ronds de 18 cm/7 et couper en huit parts. Placer sur une plaque à pâtisserie graissée et cuire au four préchauffé à 180°C/350°F/thermostat 4 pendant 25 minutes. Servir avec du beurre, de la confiture ou de la marmelade.

Omelettes aux fraises

Donne 18

5 jaunes d'œufs

75 g/3 oz/1/3 tasse de sucre cristallisé

Une pincée de sel

Zeste râpé de ½ citron

4 blancs d'œufs

40 g/1½ oz/1/3 tasse de fécule de maïs

40 g/1½ oz/1/3 tasse de farine ordinaire (tout usage)

40 g/1½ oz/3 cuillères à soupe de beurre ou de margarine, fondu

300 ml/½ pt/1¼ tasse de crème fouettée

225 g/8 onces de fraises

Sucre en poudre (confiserie), tamisé, pour saupoudrer

Battre les jaunes d'œufs avec 25 g de sucre en poudre jusqu'à ce qu'ils soient pâles et épais et incorporer le sel et le zeste de citron. Battez les blancs d'œufs en neige, ajoutez le reste du sucre en poudre et continuez à battre jusqu'à ce qu'ils soient fermes et brillants. Incorporer les jaunes d'œufs, puis la semoule de maïs et la farine. Incorporer le beurre fondu ou la margarine. Transférer le mélange dans une poche à douille munie d'une douille unie de 1 cm et pocher en cercles de 15 cm/6 sur une plaque à pâtisserie graissée et chemisée. Cuire dans un four préchauffé à 220°C/425°F/thermostat 7 pendant 10 minutes jusqu'à ce qu'ils soient juste colorés mais pas bruns. Laissez refroidir.

Fouetter la crème jusqu'à consistance ferme. Étalez une fine couche sur la moitié de chaque cercle, placez les fraises dessus et terminez avec plus de crème. Replier le dessus des "omelettes" dessus. Assaisonner de sucre en poudre et servir.

Gâteaux à la menthe poivrée

Donne 12

100 g/4 oz/½ tasse de beurre ou de margarine, ramolli

100 g/4 oz/½ tasse de sucre cristallisé

2 oeufs, légèrement battus

75 g/3 oz/¾ tasse de farine auto-levante (auto-levante)

10 ml/2 cuillères à café de cacao en poudre (chocolat non sucré).

Une pincée de sel

225 g/8 oz/11/3 tasses de sucre en poudre (de confiseur), tamisé

30 ml/2 cuillères à soupe d'eau

Quelques gouttes de colorant alimentaire vert

Quelques gouttes d'essence de menthe poivrée (extrait)

Amandes au chocolat, coupées en deux pour la décoration

Battre le beurre ou la margarine et le sucre jusqu'à consistance légère et mousseuse et incorporer graduellement les œufs. Mélanger la farine, le cacao et le sel. Versez dans des moules à pain graissés (moules à steak) et faites cuire dans un four préchauffé à 200°C/400°F/thermostat 6 pendant 10 minutes jusqu'à ce qu'ils soient élastiques. Laissez refroidir.

Tamisez le sucre glace dans un bol et mélangez avec 15 ml/1 cuillère à soupe d'eau, puis ajoutez du colorant alimentaire et de l'essence de menthe poivrée au goût. Ajouter de l'eau si nécessaire pour obtenir une consistance qui nappe le dos d'une cuillère. Étaler le glaçage sur les gâteaux et décorer avec des menthes au chocolat.

Gâteaux aux raisins

Donne 12

175 g/6 oz/1 tasse de raisins secs

250 ml / 8 onces liquides / 1 tasse d'eau

5 ml/1 cuillère à café de bicarbonate de soude (bicarbonate de soude)

100 g/4 oz/½ tasse de beurre ou de margarine, ramolli

100 g/4 oz/½ tasse de cassonade douce

1 oeuf, battu

5 ml/1 cuillère à café d'essence de vanille (extrait)

200 g/7 oz/1¾ tasse de farine ordinaire (tout usage)

5 ml/1 cuillère à café de levure chimique

Une pincée de sel

Faire bouillir les raisins secs, l'eau et le bicarbonate de soude dans une casserole et cuire lentement pendant 3 minutes. Laisser refroidir à la température des mains. Battre le beurre ou la margarine et le sucre jusqu'à consistance légère et mousseuse. Incorporer l'œuf et l'arôme de vanille. Incorporer le mélange de raisins secs, puis incorporer la farine, la levure chimique et le sel. Versez le mélange dans des moules à muffins (papier) ou des moules à muffins graissés (moules) et faites cuire dans un four préchauffé à 180°C/350°F/thermostat 4 pendant 12-15 minutes jusqu'à ce qu'ils soient bien gonflés et dorés.

Boucles de raisins secs

Donne 24

225 g/8 oz/2 tasses de farine ordinaire (tout usage)

Une pincée d'épices moulues (tarte aux pommes)

5 ml/1 cuillère à café de bicarbonate de soude (bicarbonate de soude)

225 g/8 oz/1 tasse de sucre cristallisé

45 ml/3 cuillères à soupe d'amandes moulues

225 g/8 oz/1 tasse de beurre ou de margarine, fondu

45 ml/3 cuillères à soupe de raisins secs

1 oeuf, légèrement battu

Mélanger les ingrédients secs ensemble, incorporer le beurre fondu ou la margarine puis les raisins secs et l'œuf. Bien mélanger en une pâte ferme. Étaler sur une surface légèrement farinée à environ ¼ x 5 mm d'épaisseur et couper en bandes de 5 mm x 20 cm / ¼ x 8 pouces. Mouiller légèrement la surface supérieure avec de l'eau et rouler chaque bande à partir de l'extrémité la plus courte. Placer sur une plaque à pâtisserie graissée et cuire dans un four préchauffé à 200°C/400°F/thermostat 6 pendant 15 minutes jusqu'à ce qu'ils soient dorés.

Brioches aux framboises

Donne 12 petits pains

225 g/8 oz/2 tasses de farine ordinaire (tout usage)

7,5 ml/½ cuillère à soupe de levure chimique

2,5 ml/½ c. à thé d'épices mélangées moulues (tarte aux pommes)

Une pincée de sel

75 g/3 oz/1/3 tasse de beurre ou de margarine

75 g/3 oz/1/3 tasse de sucre granulé, plus plus pour tremper

1 oeuf

60 ml/4 cuillères à soupe de lait

60 ml/4 cuillères à soupe de confiture de framboise (conservation)

Mélanger la farine, la poudre à pâte, les épices et le sel ensemble et frotter dans le beurre ou la margarine jusqu'à ce que le mélange ressemble à de la chapelure. Mélanger le sucre. Incorporer l'œuf et suffisamment de lait pour former une pâte ferme. Diviser en 12 boules et déposer sur une plaque à pâtisserie graissée. Faites un trou au milieu de chacun avec votre doigt et versez un peu de confiture de framboise. Badigeonner de lait et saupoudrer de sucre en poudre. Cuire dans un four préchauffé à 220°C/425°F/thermostat 7 pendant 10-15 minutes jusqu'à ce qu'ils soient dorés. Recouvrez d'un peu de confiture si nécessaire.

Gâteaux de riz brun et de tournesol

Donne 12

75 g/3 oz/¾ tasse de riz brun cuit

50 g/2 oz/½ tasse de graines de tournesol

25 g/1 oz/¼ tasse de graines de sésame

40 g/1½ oz/¼ tasse de raisins secs

40 g/1½ oz/¼ tasse de cerises glacées (confites), coupées en quartiers

25 g/1 oz/2 cuillères à soupe de cassonade douce

15 ml/1 cuillère à soupe de miel clair

75 g/3 oz/1/3 tasse de beurre ou de margarine

5 ml/1 cuillère à café de jus de citron

Mélanger le riz, les graines et les fruits ensemble. Faire fondre le sucre, le miel, le beurre ou la margarine et le jus de citron ensemble et mélanger au mélange de riz. Répartir dans 12 moules à cake (moules à cupcakes) et cuire au four préchauffé à 200°C/400°F/thermostat 6 pendant 15 minutes.

Roche gâteaux

Donne 12

225 g/8 oz/2 tasses de farine ordinaire (tout usage)

Une pincée de sel

10 ml / 2 cuillères à café de levure chimique

50 g/2 oz/¼ tasse de beurre ou de margarine

50 g/2 oz/¼ tasse de saindoux (raccourci)

100 g/4 oz/2/3 tasse de fruits séchés (mélange pour gâteau aux fruits)

100g/4oz/½ tasse de sucre demerara

Zeste râpé de ½ citron

1 oeuf

15-30 ml/1-2 cuillères à soupe de lait

Mélanger la farine, le sel et la levure chimique et incorporer le beurre ou la margarine et le saindoux jusqu'à ce que le mélange ressemble à de la chapelure. Mélanger les fruits, le sucre et le zeste de citron. Battre l'œuf avec 15 ml/1 cuillère à soupe de lait, ajouter aux ingrédients secs et mélanger en une pâte ferme, en ajoutant plus de lait si nécessaire. Placer de petits monticules du mélange sur une plaque à pâtisserie graissée et cuire dans un four préchauffé à 200°C/400°F/thermostat 6 pendant 15-20 minutes jusqu'à ce qu'ils soient dorés.

Gâteaux de roche sans sucre

Donne 12

75 g/3 oz/1/3 tasse de beurre ou de margarine

175 g/6 oz/1¼ tasse de farine de blé entier

50 g/2 oz/½ tasse de flocons d'avoine

10 ml / 2 cuillères à café de levure chimique

5 ml/1 cuillère à café de cannelle moulue

100 g/4 oz/2/3 tasse de raisins secs (raisins dorés)

zeste râpé de 1 citron

1 oeuf, légèrement battu

90 ml/6 cuillères à soupe de lait

Frotter le beurre ou la margarine dans la farine, la poudre à pâte et la cannelle jusqu'à ce que le mélange ressemble à de la chapelure. Incorporer la sultanine et le zeste de citron. Ajouter l'oeuf et assez de lait pour obtenir un mélange mou. Placer des cuillerées sur une plaque à pâtisserie graissée et cuire dans un four préchauffé à 200°C/400°F/thermostat 6 pendant 15-20 minutes jusqu'à ce qu'ils soient dorés.

Gâteaux au safran

Donne 12

Une pincée de safran moulu

75 ml/5 cuillères à soupe d'eau bouillante

75 ml/5 cuillères à soupe d'eau froide

100 g/4 oz/½ tasse de beurre ou de margarine, ramolli

225 g/8 oz/1 tasse de sucre cristallisé

2 oeufs, légèrement battus

225 g/8 oz/2 tasses de farine ordinaire (tout usage)

10 ml / 2 cuillères à café de levure chimique

2,5 ml/½ cuillère à café de sel

175 g/6 oz/1 tasse de raisins secs (raisins dorés)

175 g/6 oz/1 tasse d'écorces mélangées hachées (confites)

Faire tremper le safran dans de l'eau bouillante pendant 30 minutes, puis ajouter de l'eau froide. Battre le beurre ou la margarine et le sucre jusqu'à consistance légère et mousseuse et incorporer graduellement les œufs. Tamiser la farine avec la levure chimique et le sel, puis incorporer 50 g/2 oz/½ tasse du mélange de farine dans les raisins secs et la croûte mixte. Incorporer la farine à la chantilly en alternance avec l'eau safranée puis incorporer les fruits. Versez dans des moules à muffins (papiers) ou des moules à muffins graissés et farinés et faites cuire dans un four préchauffé à 190°C/375°F/thermostat 5 pendant environ 15 minutes jusqu'à ce que la surface soit élastique.

Babas au Rhum

Donne 8

100 g/4 oz/1 tasse de farine forte (pain)

5 ml/1 cuillère à café de levure sèche facile à mélanger

Une pincée de sel

45 ml/3 cuillères à soupe de lait chaud

2 oeufs, légèrement battus

50 g/2 oz/¼ tasse de beurre ou de margarine, fondu

25 g/1 oz/3 cuillères à soupe de raisins secs

Pour le sirop :

250 ml / 8 onces liquides / 1 tasse d'eau

75 g/3 oz/1/3 tasse de sucre cristallisé

20 ml/4 cuillères à café de jus de citron

60 ml/4 cuillères à soupe de rhum

Pour le glaçage et la décoration :

60 ml/4 cuillères à soupe de confiture d'abricots (en conserve), tamisée (passée)

15 ml/1 cuillère à soupe d'eau

150 ml/¼ pt/2/3 tasse de crème à fouetter ou double (épaisse)

4 cerises glacées (confites), coupées en deux

Quelques lamelles d'angélique coupées en triangles

Mélanger la farine, la levure et le sel dans un bol et faire un puits au milieu. Mélanger le lait, les œufs et le beurre ou la margarine et battre la farine en une pâte lisse. Mélanger les groseilles. Versez la pâte dans huit moules à anneaux individuels graissés et farinés (moules tubulaires) de sorte qu'elle ne soit qu'au tiers de la hauteur des moules. Couvrir d'un film alimentaire huilé (pellicule plastique) et laisser dans un endroit chaud pendant 30 minutes jusqu'à ce que la pâte ait levé sur le dessus des moules. Cuire dans un four préchauffé à 200°C/400°F/thermostat 6 pendant 15 minutes jusqu'à ce qu'ils soient dorés. Retournez les moules et laissez refroidir 10 minutes, puis sortez les gâteaux des moules et placez-les dans un grand plat plat. Piquez-les partout avec une fourchette.

Pour faire le sirop, chauffer l'eau, le sucre et le jus de citron à feu doux en remuant jusqu'à ce que le sucre soit dissous. Augmentez le feu et portez à ébullition. Retirer du feu et incorporer le rhum. Verser le sirop chaud sur les gâteaux et laisser tremper 40 minutes.

Faites chauffer la confiture et l'eau à feu doux jusqu'à ce qu'elles soient bien mélangées. Badigeonnez le baba dessus et placez-le sur un plat de service. Fouetter la crème et pocher au centre de chaque gâteau. Garnir de cerises et d'angélique.

Gâteaux boules éponge

Donne 24

5 jaunes d'œufs

75 g/3 oz/1/3 tasse de sucre cristallisé

7 blancs d'œufs

75 g/3 oz/¾ tasse de fécule de maïs

50 g/2 oz/½ tasse de farine ordinaire (tout usage)

Battre les jaunes d'œufs avec 15 ml/1 cuillère à soupe de sucre jusqu'à ce qu'ils soient pâles et épais. Battez les blancs d'œufs en neige et battez le reste du sucre jusqu'à ce qu'ils soient épais et brillants. Incorporer la semoule de maïs avec une cuillère en métal. Incorporer la moitié des jaunes dans les blancs à l'aide d'une cuillère en métal et incorporer le reste des jaunes. Incorporer délicatement la farine. Transvaser le mélange dans une poche à douille munie d'une douille standard de 2,5 cm/1 (pointe) et dresser des galettes bien écartées sur une plaque à pâtisserie graissée et chemisée. Cuire dans un four préchauffé à 200°C/400°F/thermostat 6 pendant 5 minutes, puis réduire la température du four à 180°C/350°F/thermostat 4 pendant encore 10 minutes, jusqu'à ce qu'ils soient dorés et élastiques. contact.

Biscuits au chocolat

Donne 12

5 jaunes d'œufs

75 g/3 oz/1/3 tasse de sucre cristallisé

7 blancs d'œufs

75 g/3 oz/¾ tasse de fécule de maïs

50 g/2 oz/½ tasse de farine ordinaire (tout usage)

60 ml/4 cuillères à soupe de confiture d'abricots (en conserve), tamisée (passée)

30 ml/2 cuillères à soupe d'eau

1 quantité de glaçage au chocolat bouilli

150 ml/¼ pt/2/3 tasses de crème fouettée

Battre les jaunes d'œufs avec 15 ml/1 cuillère à soupe de sucre jusqu'à l'obtention d'une mousse légère. Battez les blancs d'œufs en neige et battez le reste du sucre jusqu'à ce qu'ils soient épais et brillants. Incorporer la semoule de maïs avec une cuillère en métal. Incorporer la moitié des jaunes dans les blancs à l'aide d'une cuillère en métal et incorporer le reste des jaunes. Incorporer délicatement la farine. Transvaser le mélange dans une poche à douille munie d'une douille standard de 2,5 cm/1 (pointe) et dresser des galettes bien écartées sur une plaque à pâtisserie graissée et chemisée. Cuire dans un four préchauffé à 200°C/400°F/thermostat 6 pendant 5 minutes, puis réduire la température du four à 180°C/350°F/thermostat 4 pendant encore 10 minutes, jusqu'à ce qu'ils soient dorés et élastiques. contact. Transférer sur une grille.

Faire bouillir la confiture et l'eau jusqu'à consistance épaisse et bien mélangée, puis badigeonner le dessus des gâteaux. Laissez refroidir. Tremper les champignons dans le glaçage au chocolat et laisser refroidir. Fouetter la crème jusqu'à consistance ferme puis mélanger les gâteaux avec la crème.

Boules de neige d'été

Donne 24

100 g/4 oz/½ tasse de beurre ou de margarine, ramolli

100 g/4 oz/½ tasse de sucre cristallisé

5 ml/1 cuillère à café d'essence de vanille (extrait)

2 oeufs, légèrement battus

225 g/8 oz/2 tasses de farine auto-levante (auto-levante)

120 ml/4 oz/½ tasse de lait

120 ml / 4 fl oz / ½ tasse de crème double (lourde)

25 g/1 oz/3 cuillères à soupe de sucre en poudre (de confiserie), tamisé

60 ml/4 cuillères à soupe de confiture d'abricots (en conserve), tamisée (passée)

30 ml/2 cuillères à soupe d'eau

150 g/5 oz/1¼ tasse de noix de coco déshydratée (râpée)

Battre le beurre ou la margarine et le sucre jusqu'à consistance légère et mousseuse. Incorporer progressivement l'essence de vanille et les œufs, puis la farine en alternant avec le lait. Versez le mélange dans les moules à muffins graissés et faites cuire dans un four préchauffé à 180°C/350°F/thermostat 4 pendant 15 minutes jusqu'à ce qu'ils soient bien gonflés et élastiques. Transférer sur une grille pour refroidir. Coupez le dessus des muffins.

Battez la crème et le sucre glace jusqu'à consistance ferme, puis versez-en un peu sur chaque muffin et remettez le couvercle. Chauffer la confiture avec de l'eau jusqu'à ce qu'elle soit mélangée, puis badigeonner les muffins et saupoudrer généreusement de noix de coco.

Gouttes aux champignons

Donne 12

3 oeufs, battus

100 g/4 oz/½ tasse de sucre cristallisé

2,5 ml/½ cuillère à café d'essence de vanille (extrait)

100 g/4 oz/1 tasse de farine ordinaire (tout usage)

5 ml/1 cuillère à café de levure chimique

100 g/4 oz/1/3 tasse de confiture de framboises (en conserve)

150 ml/¼ pt/2/3 tasse de crème double (épaisse), fouettée

Sucre en poudre (confiserie), tamisé, pour saupoudrer

Placer les œufs, le sucre glace et le sucre vanillé dans un bol résistant à la chaleur posé sur une casserole d'eau frémissante et fouetter jusqu'à ce que le mélange épaississe. Sortez le bol de la casserole et mélangez-y la farine et la levure chimique. Placer de petites cuillerées du mélange sur une plaque à pâtisserie graissée et cuire dans un four préchauffé à 190°C/375°F/thermostat 5 pendant 10 minutes jusqu'à ce qu'ils soient dorés. Transférer sur une grille et laisser refroidir. Mélanger les gouttes avec de la confiture et de la crème et saupoudrer de sucre en poudre avant de servir.

Meringues de base

Donne 6-8

2 blancs d'œufs

100 g/4 oz/½ tasse de sucre cristallisé

Battre les blancs d'œufs dans un bol propre et sans graisse jusqu'à ce qu'ils commencent à former des pics mous. Ajouter la moitié du sucre et continuer à battre jusqu'à ce que le mélange soit ferme. À l'aide d'une cuillère en métal, incorporer délicatement le reste du sucre. Tapisser une plaque à pâtisserie de papier sulfurisé et déposer 6 à 8 bouquets de meringue sur la plaque. Faire sécher les meringues au four à la température la plus basse possible pendant 2 à 3 heures. Refroidir sur une grille.

Meringues aux amandes

Donne 12

2 blancs d'œufs

100 g/4 oz/½ sucre semoule

100 g/4 oz/1 tasse d'amandes moulues

Quelques gouttes d'essence d'amande (extrait)

12 moitiés d'amandes pour la décoration

Battez les blancs d'œufs jusqu'à ce qu'ils forment des pics fermes. Ajouter la moitié du sucre et continuer à battre jusqu'à ce que le mélange forme des pics fermes. Incorporer le reste du sucre, les amandes moulues et l'essence d'amande. Répartir le mélange en 12 cercles sur une plaque à pâtisserie graissée et tapissée et déposer une demi-amande sur chacun. Cuire au four préchauffé à 130°C/250°F/thermostat ½ pendant 2-3 heures jusqu'à ce qu'ils soient croustillants.

Biscuits espagnols meringués aux amandes

Donne 16

225 g/8 oz/1 tasse de sucre cristallisé

225 g/8 oz/2 tasses d'amandes moulues

1 blanc d'oeuf

100 g/4 oz/1 tasse d'amandes entières

Battre le sucre, la poudre d'amandes et le blanc d'œuf en une pâte lisse. Former une boule et aplatir la pâte en la roulant. Couper en petits ronds et déposer sur une plaque à pâtisserie graissée. Presser une amande entière au centre de chaque biscuit(s). Cuire au four préchauffé à 160°C/325°F/thermostat 3 pendant 15 minutes.

Paniers Meringue Cuite

Donne 6

4 blancs d'œufs

225-250g/8-9oz/11/3-1½ tasses de sucre en poudre (de confiserie), tamisé

Quelques gouttes d'essence de vanille (extrait)

Battre les blancs d'œufs dans un bol propre, sans gras et résistant à la chaleur jusqu'à consistance mousseuse, puis incorporer progressivement le sucre en poudre et le sucre vanillé. Placez le bol sur une casserole d'eau frémissante et fouettez jusqu'à ce que la meringue garde sa forme et laisse une traînée épaisse lorsque le fouet est levé. Tapisser une plaque à pâtisserie de papier sulfurisé et tracer six cercles de 7,5 cm/3 sur le papier. Déposer la moitié du mélange de meringue à l'intérieur de chaque cercle. Placer le reste dans une poche à douille et pocher deux couches de meringue sur le pourtour de chaque base. Sécher dans un four préchauffé à 150°C/300°F/thermostat 2 pendant environ 45 minutes.

Flocons d'amandes

Donne 10

2 blancs d'œufs

100 g/4 oz/½ tasse de sucre cristallisé

75 g/3 oz/¾ tasse d'amandes moulues

25 g/1 oz/2 cuillères à soupe de beurre ou de margarine, ramolli

50 g/2 oz/1/3 tasse (confiserie) de sucre en poudre, tamisé

10 ml/2 cuillères à café de cacao en poudre (chocolat non sucré).

50 g/2 oz/½ tasse de chocolat nature (mi-sucré), fondu

Battez les blancs d'œufs jusqu'à ce qu'ils forment des pics fermes. Incorporer le sucre en poudre petit à petit. Incorporer les amandes moulues. A l'aide d'une douille (douille) de 1 cm/½, dresser le mélange en longueurs de 5 cm/2 sur une plaque à pâtisserie légèrement huilée. Cuire dans un four préchauffé à 140°C/thermostat 1 pendant 1h30 à 1h30. Laissez refroidir.

Fouettez le beurre ou la margarine, le sucre en poudre et le cacao. Sandwich paires de craquelins (biscuits) avec une garniture. Faire fondre le chocolat dans un bol résistant à la chaleur sur de l'eau frémissant doucement. Tremper les extrémités des meringues dans le chocolat et laisser refroidir sur une grille.

Meringue espagnole aux amandes et au citron

Donne 30

150 g / 5 oz / 1¼ tasses d'amandes émondées

2 blancs d'œufs

Zeste râpé de ½ citron

200 g/7 oz/ à peine 1 tasse de sucre cristallisé

10 ml/2 cuillères à café de jus de citron

Faites griller les amandes dans un four préchauffé à 150°C/300°F/thermostat 2 pendant environ 30 minutes jusqu'à ce qu'elles soient dorées et aromatiques. Hachez grossièrement un tiers des noix et broyez le reste finement.

Battez les blancs d'œufs jusqu'à ce qu'ils forment des pics fermes. Incorporer le zeste de citron et les deux tiers du sucre. Ajouter le jus de citron et battre jusqu'à consistance ferme et brillante. Incorporer le reste du sucre et la poudre d'amandes. Incorporer les amandes hachées. Placer des cuillerées de meringues sur une plaque à pâtisserie graissée et tapissée de papier d'aluminium et placer dans le four préchauffé. Baisser immédiatement la température du four à 110°C/225°F/thermostat ¼ et cuire environ 1h30 jusqu'à ce qu'ils soient secs.

Meringues enrobées de chocolat

Donne 4

2 blancs d'œufs

100 g/4 oz/½ tasse de sucre cristallisé

100 g/4 oz/1 tasse de chocolat nature (mi-sucré)

150 ml/¼ pt/2/3 tasse de crème double (épaisse), fouettée

Battre les blancs d'œufs dans un bol propre et sans graisse jusqu'à ce qu'ils commencent à former des pics mous. Ajouter la moitié du sucre et continuer à battre jusqu'à ce que le mélange soit ferme. À l'aide d'une cuillère en métal, incorporer délicatement le reste du sucre. Tapisser une plaque à pâtisserie de papier sulfurisé et déposer huit meringues sur la plaque. Faire sécher les meringues au four à la température la plus basse possible pendant 2 à 3 heures. Refroidir sur une grille.

Faire fondre le chocolat dans un bol résistant à la chaleur posé sur de l'eau frémissante. Laisser refroidir légèrement. Tremper délicatement les quatre meringues dans le chocolat afin que les surfaces extérieures soient couvertes. Laisser reposer sur du papier sulfurisé (ciré) jusqu'à ce qu'il durcisse. Étaler une meringue enrobée de chocolat et une meringue nature avec la crème et répéter avec les meringues restantes.

Meringue chocolat menthe

Donne 18

3 blancs d'œufs

100 g/4 oz/½ tasse de sucre cristallisé

75 g/3 oz/¾ tasse de menthes enrobées de chocolat hachées

Battez les blancs d'œufs jusqu'à ce qu'ils forment des pics fermes. Incorporer progressivement le sucre jusqu'à ce que les blancs d'œufs soient fermes et brillants. Incorporer les menthes hachées. Déposez de petites cuillerées du mélange sur une plaque à pâtisserie graissée et tapissée et faites cuire dans un four préchauffé à 140°C/275°F/thermostat 1 pendant 1h30 jusqu'à ce qu'ils soient secs.

Pépites de chocolat et meringues aux noix

Donne 12

2 blancs d'œufs

175 g/6 oz/¾ tasse de sucre cristallisé

50 g/2 oz/½ tasse de pépites de chocolat

25 g/1 oz/¼ tasse de noix, hachées

Préchauffez le four à 190°C/375°F/thermostat 5. Battez les blancs d'œufs jusqu'à ce qu'ils forment des pics mous. Ajouter progressivement le sucre et battre jusqu'à ce que le mélange forme des pics fermes. Incorporer les pépites de chocolat et les noix. Déposer des cuillerées du mélange sur des plaques à pâtisserie graissées et mettre au four. Éteignez le four et laissez refroidir.

Meringue aux noisettes

Donne 12

100 g/4 oz/1 tasse de noisettes

2 blancs d'œufs

100 g/4 oz/½ tasse de sucre cristallisé

Quelques gouttes d'essence de vanille (extrait)

Réserver 12 noix pour la décoration et concasser le reste. Battez les blancs d'œufs jusqu'à ce qu'ils forment des pics fermes. Ajouter la moitié du sucre et continuer à battre jusqu'à ce que le mélange forme des pics fermes. Incorporer le reste du sucre, les noisettes moulues et l'essence de vanille. Répartir le mélange en 12 cercles sur une plaque à pâtisserie graissée et tapissée et placer la noix réservée sur chacun d'eux. Cuire au four préchauffé à 130°C/250°F/thermostat ½ pendant 2-3 heures jusqu'à ce qu'ils soient croustillants.

Layer cake meringué aux noix

Pour un gâteau de 23 cm/9

Pour le gâteau :

50 g/2 oz/¼ tasse de beurre ou de margarine, ramolli

150g/5oz/2/3 tasse de sucre cristallisé

4 œufs, séparés

100 g/4 oz/1 tasse de farine ordinaire (tout usage)

10 ml / 2 cuillères à café de levure chimique

Une pincée de sel

60 ml/4 cuillères à soupe de lait

5 ml/1 cuillère à café d'essence de vanille (extrait)

50 g/2 oz/½ tasse de noix de pécan, hachées

Pour la crème pâtissière :

250 ml/8 oz/1 tasse de lait

50 g/2 oz/¼ tasse de sucre cristallisé

50 g/2 oz/½ tasse de farine ordinaire (tout usage)

1 oeuf

Une pincée de sel

120 ml / 4 fl oz / ½ tasse de crème double (lourde)

Battre le gâteau avec du beurre ou de la margarine avec 100 g/½ tasse de sucre jusqu'à consistance légère et mousseuse. Incorporer progressivement les jaunes d'œufs et incorporer la farine, la levure chimique et le sel en alternant avec le lait et l'essence de vanille. Verser dans deux moule(s) à cake 23 cm/9 beurrés et chemisés et lisser le dessus. Battez les blancs d'œufs en neige, battez le reste du sucre et battez à nouveau jusqu'à ce qu'ils soient fermes et brillants. Étaler sur le mélange à gâteau et saupoudrer de noix.

Cuire au four préchauffé à 150°C/300°F/thermostat 3 pendant 45 minutes jusqu'à ce que la meringue soit sèche. Transférer sur une grille pour refroidir.

Préparez la crème pâtissière en mélangeant un peu de lait avec le sucre et la farine. Faire chauffer le reste du lait à ébullition dans une casserole, verser sur le mélange de sucre et fouetter jusqu'à ce que le mélange soit homogène. Reversez le lait dans la casserole rincée et portez à ébullition en remuant constamment, puis faites cuire en remuant jusqu'à épaississement. Retirer du feu et incorporer l'œuf et le sel et laisser refroidir légèrement. Fouetter la crème jusqu'à consistance ferme puis l'incorporer au mélange. Laissez refroidir. Tartiner les gâteaux avec la crème pâtissière.

Tranches de macaron aux noisettes

Donne 20

175 g/6 oz/1½ tasse de noisettes, décortiquées

3 blancs d'œufs

225 g/8 oz/1 tasse de sucre cristallisé

5 ml/1 cuillère à café d'essence de vanille (extrait)

5 ml/1 cuillère à café de cannelle moulue

5 ml/1 cuillère à café de zeste de citron râpé

Papier de riz

Hacher grossièrement 12 noisettes et broyer finement le reste. Battre les blancs d'œufs jusqu'à ce qu'ils soient pâles et mousseux. Ajouter progressivement le sucre et continuer à battre jusqu'à ce que le mélange forme des pics fermes. Incorporer les noisettes, l'essence de vanille, la cannelle et le zeste de citron. Déposer des cuillerées à café sur une plaque recouverte de papier de riz et aplatir en fines lanières. Laisser prendre 1 heure. Cuire au four préchauffé à 180°C/thermostat 4 pendant 12 minutes jusqu'à consistance ferme.

Meringue et couche de noix

Pour un gâteau de 25 cm/10

100 g/4 oz/½ tasse de beurre ou de margarine, ramolli

400g/14oz/1¾ tasse de sucre cristallisé

3 jaunes d'œufs

100 g/4 oz/1 tasse de farine ordinaire (tout usage)

10 ml / 2 cuillères à café de levure chimique

120 ml/4 oz/½ tasse de lait

100 g/4 oz/1 tasse de noix

4 blancs d'œufs

250 ml/8 fl oz/1 tasse de crème double (épaisse).

5 ml/1 cuillère à café d'essence de vanille (extrait)

Poudre de cacao (chocolat non sucré) pour saupoudrer

Battre le beurre ou la margarine et 75 g/3 oz/¾ tasse de sucre jusqu'à consistance légère et mousseuse. Incorporer progressivement les jaunes d'œufs et incorporer la farine et la levure chimique en alternant avec le lait. Versez la pâte dans deux moules à cake de 25 cm/10 beurrés et farinés. Réserver quelques moitiés de noix pour la décoration, hacher finement le reste et saupoudrer sur le dessus des gâteaux. Battre les blancs d'œufs en neige ferme, ajouter le reste du sucre et battre à nouveau jusqu'à ce qu'ils soient épais et brillants. Répartir sur les gâteaux et cuire dans un four préchauffé à 180°C/350°F/thermostat 4 pendant 25 minutes. Couvrir le gâteau de papier sulfurisé (ciré) en fin de cuisson si la meringue commence à dorer. beaucoup. Laisser refroidir dans les moules puis retourner les gâteaux pour que la meringue soit sur le dessus.

Battre la crème et la crème anglaise jusqu'à consistance mousseuse. Étalez les gâteaux ensemble, côté meringue vers le haut, la moitié de la crème et étalez le reste sur le dessus. Décorer avec les noix réservées et saupoudrer de cacao tamisé.

Montagnes meringuées

Donne 6

2 blancs d'œufs

100 g/4 oz/½ tasse de sucre cristallisé

150 ml/¼ pt/2/3 tasse de crème double (épaisse)

350 g/12 oz de fraises, tranchées

25 g/1 oz/¼ tasse de chocolat nature (mi-sucré), râpé

Battez les blancs d'œufs jusqu'à ce qu'ils forment des pics fermes. Ajouter la moitié du sucre et battre jusqu'à consistance épaisse et brillante. Mélanger les sucres restants. Rouler six cercles de meringue sur du papier sulfurisé sur une plaque à pâtisserie. Cuire dans un four préchauffé à 140°C/275°F/thermostat 1 pendant 45 minutes jusqu'à ce qu'ils soient légèrement dorés et croustillants. L'intérieur reste assez moelleux. Retirer de la plaque et laisser refroidir sur une grille.

Fouetter la crème jusqu'à consistance ferme. Arroser ou verser la moitié de la crème sur les cercles de meringue, ajouter les fruits puis décorer avec le reste de crème. Saupoudrer de chocolat râpé sur le dessus.

Crème Meringuée Framboise

Offres 6

2 blancs d'œufs

100 g/4 oz/½ tasse de sucre cristallisé

150 ml/¼ pt/2/3 tasse de crème double (épaisse)

30 ml/2 cuillères à soupe (pâtisserie) de sucre en poudre

225 g/8 onces de framboises

Battre les blancs d'œufs dans un bol propre et sans graisse jusqu'à ce qu'ils commencent à former des pics mous. Ajouter la moitié du sucre et continuer à battre jusqu'à ce que le mélange soit ferme. Ajouter légèrement le reste du sucre à l'aide d'une cuillère en métal. Tapisser une plaque à pâtisserie de papier sulfurisé et verser de petits tourbillons de meringue sur la plaque. Faire sécher les meringues au four à température la plus basse possible pendant 2 heures. Refroidir sur une grille.

Battre la crème avec le sucre en poudre jusqu'à consistance ferme et incorporer les framboises. Utiliser pour superposer des paires de meringues et les empiler sur une assiette de service.

Galettes de ratafia

Donne 16

3 blancs d'œufs

100 g/4 oz/1 tasse d'amandes moulues

225 g/8 oz/1 tasse de sucre cristallisé

Battez les blancs d'œufs jusqu'à ce qu'ils forment des pics fermes. Incorporer les amandes et la moitié du sucre et battre à nouveau jusqu'à consistance ferme. Mélanger les sucres restants. Placer les petits ronds sur une plaque à pâtisserie graissée et tapissée et cuire dans un four préchauffé à 150°C/thermostat 2 pendant 50 minutes jusqu'à ce que les bords soient secs et croustillants.

Vacherin Caramel

Pour un gâteau de 23 cm/9

4 blancs d'œufs

225 g/8 oz/1 tasse de cassonade douce

50 g de noisettes concassées

300 ml/½ pt/1¼ tasse de crème double (épaisse)

Quelques noisettes entières pour la décoration

Battre les blancs d'oeufs jusqu'à ce qu'ils moussent doucement. Incorporer graduellement le sucre jusqu'à ce qu'il soit ferme et brillant. Verser la meringue dans une poche à douille munie d'une douille standard de 1 cm/½ (pointe) et pocher deux tours de meringue de 23 cm/9 sur une plaque à pâtisserie graissée et chemisée. Saupoudrez de 15 ml/1 cuillère à soupe de noix hachées et faites cuire dans un four préchauffé à 120°C/250°F/thermostat ½ pendant 2 heures jusqu'à ce qu'ils soient croustillants. Transférer sur une grille pour refroidir.

Battre la crème jusqu'à consistance ferme et ajouter le reste des noix. Utiliser la majeure partie de la crème pour étaler les rondelles de meringue ensemble, puis décorer avec le reste de crème et saupoudrer de noisettes entières.

Scones simples

Donne 10

225 g/8 oz/2 tasses de farine ordinaire (tout usage)

Une pincée de sel

2,5 ml/½ cuillère à café de bicarbonate de soude (bicarbonate de soude)

5 ml/1 cuillère à café de tartre

50 g/2 oz/¼ tasse de beurre ou de margarine, en cubes

30 ml/2 cuillères à soupe de lait

30 ml/2 cuillères à soupe d'eau

Mélanger la farine, le sel, le bicarbonate de soude et le tartre. Badigeonner de beurre ou de margarine. Ajouter le lait et l'eau petit à petit jusqu'à obtenir une pâte molle. Pétrissez rapidement sur un plan fariné jusqu'à obtenir une pâte lisse, puis étalez-la à 1 cm/½ d'épaisseur et coupez-la en 2 rondelles de 5 cm/2 à l'aide d'un emporte-pièce. Placez les scones (biscuits) sur une plaque à pâtisserie graissée et faites cuire dans un four préchauffé à 230°C/450°F/thermostat 8 pendant environ 10 minutes jusqu'à ce qu'ils soient bien gonflés et dorés.

Scones aux œufs riches

Donne 12

50 g/2 oz/¼ tasse de beurre ou de margarine

225 g/8 oz/2 tasses de farine auto-levante (auto-levante)

10 ml / 2 cuillères à café de levure chimique

25 g/1 oz/2 cuillères à soupe de sucre cristallisé

1 oeuf, légèrement battu

100 ml/3½ fl oz/6½ cuillères à soupe de lait

Frottez le beurre ou la margarine dans la farine et la levure chimique. Mélanger le sucre. Mélanger l'oeuf et le lait jusqu'à obtenir une pâte molle. Pétrir sur un plan légèrement fariné, puis étaler à environ 1 cm/½ d'épaisseur et découper en 5 cm/2 ronds à l'aide d'un emporte-pièce. Reroulez les clips et découpez-les. Placer les scones (biscuits) sur une plaque à pâtisserie graissée et cuire au four préchauffé à 230°C/450°F/thermostat 8 pendant 10 minutes ou jusqu'à ce qu'ils soient dorés.

Scones aux pommes

Donne 12

225 g/8 oz/2 tasses de farine de blé entier

20 ml/1½ cuillère à soupe de levure chimique

Une pincée de sel

50 g/2 oz/¼ tasse de beurre ou de margarine

30 ml/2 cuillères à soupe de pomme à cuire râpée

1 oeuf, battu

150 ml/¼ pt/2/3 tasses de lait

Mélangez ensemble la farine, la levure chimique et le sel. Frotter le beurre ou la margarine, puis incorporer la pomme. Incorporer graduellement suffisamment d'œuf et de lait pour former une pâte molle. Étaler sur une surface légèrement farinée sur une épaisseur d'environ 5 cm/2 et couper en rondelles à l'emporte-pièce. Placer les scones (biscuits) sur une plaque à pâtisserie graissée et badigeonner avec l'œuf restant. Cuire dans un four préchauffé à 200°C/400°F/thermostat 6 pendant 12 minutes jusqu'à ce qu'ils soient légèrement dorés.

Pain aux pommes et à la noix de coco

Donne 12

50 g/2 oz/¼ tasse de beurre ou de margarine

225 g/8 oz/2 tasses de farine auto-levante (auto-levante)

25 g/1 oz/2 cuillères à soupe de sucre cristallisé

30 ml/2 cuillères à soupe de noix de coco séchée (râpée)

1 pomme à manger (dessert) pelée, épépinée et hachée

150 ml/¼ pt/2/3 tasse de yogourt nature

30 ml/2 cuillères à soupe de lait

Frottez le beurre ou la margarine dans la farine. Incorporer le sucre, la noix de coco et la pomme, et incorporer le yaourt pour faire une pâte molle, ajouter un peu de lait si nécessaire. Étaler sur un plan légèrement fariné sur une épaisseur d'environ 2,5 cm/1 et découper des rondelles à l'emporte-pièce. Placez les scones (biscuits) sur une plaque à pâtisserie graissée et faites cuire dans un four préchauffé à 220°C/425°F/thermostat 7 pendant 10-15 minutes, jusqu'à ce qu'ils soient bien gonflés et dorés.

Pains aux pommes et aux dattes

Donne 12

50 g/2 oz/¼ tasse de beurre ou de margarine

225 g/8 oz/2 tasses de farine ordinaire (tout usage)

5 ml/1 c. à thé mélange d'épices (tarte aux pommes)

5 ml/1 cuillère à café de tartre

2,5 ml/½ cuillère à café de bicarbonate de soude (bicarbonate de soude)

25 g/1 oz/2 cuillères à soupe de cassonade douce

1 petit œuf à cuire (tarte), pelé, déveiné et haché

50 g/2 oz/1/3 tasse de dattes dénoyautées (dénoyautées), hachées

45 ml/3 cuillères à soupe de lait

Frotter le beurre ou la margarine dans la farine, le mélange d'épices, la crème de tartre et le bicarbonate de soude. Mélanger le sucre, la pomme et les dattes, puis ajouter le lait et mélanger en une pâte molle. Pétrir légèrement, puis étaler sur un plan fariné sur une épaisseur de 2,5 cm/1 et découper des rondelles à l'emporte-pièce. Placer les scones (biscuits) sur une plaque à pâtisserie graissée et cuire au four préchauffé à 220°C/425°F/thermostat 7 pendant 12 minutes jusqu'à ce qu'ils soient gonflés et dorés.

Morceaux d'orge

Donne 12

175 g/6 oz/1½ tasse de farine d'orge

50 g/2 oz/½ tasse de farine ordinaire (tout usage)

Une pincée de sel

2,5 ml/½ cuillère à café de bicarbonate de soude (bicarbonate de soude)

2,5 ml/½ cuillère à café de tartre

25 g/1 oz/2 cuillères à soupe de beurre ou de margarine

25 g/1 oz/2 cuillères à soupe de cassonade douce

100 ml/3½ fl oz/6½ cuillères à soupe de lait

Jaune d'oeuf pour le glaçage

Mélanger la farine, le sel, le bicarbonate de soude et le tartre. Frotter le beurre ou la margarine jusqu'à ce que le mélange ressemble à de la chapelure, puis incorporer le sucre et suffisamment de lait pour obtenir une pâte molle. Étalez sur une surface légèrement farinée sur une épaisseur de 2 cm/¾ et découpez des rondelles à l'emporte-pièce. Placer les scones (biscuit) sur une plaque à pâtisserie graissée et badigeonner de jaune d'œuf. Cuire au four préchauffé à 220°C/425°F/thermostat 7 pendant 10 minutes jusqu'à ce qu'ils soient dorés.

Scones aux dattes

Donne 12

225 g/8 oz/2 tasses de farine de blé entier

2,5 ml/½ cuillère à café de bicarbonate de soude (bicarbonate de soude)

2,5 ml/½ cuillère à café de tartre

2,5 ml/½ cuillère à café de sel

40 g/1½ oz/3 cuillères à soupe de beurre ou de margarine

15 ml/1 cuillère à soupe de sucre fin

100 g/4 oz/2/3 tasse de dattes dénoyautées (dénoyautées), hachées

Environ 100 ml/3½ fl oz/6½ cuillères à soupe de babeurre

Mélanger la farine, le bicarbonate de soude, la crème de tartre et le sel. Frottez-y le beurre ou la margarine, puis mélangez le sucre et les dattes et faites un puits au milieu. Incorporer graduellement juste assez de babeurre pour obtenir une pâte moyennement molle. Étalez-la en couche épaisse et coupez-la en triangles. Placer les scones (biscuits) sur une plaque à pâtisserie graissée et cuire au four préchauffé à 230°C/450°F/thermostat 8 pendant 20 minutes jusqu'à ce qu'ils soient dorés.

Scones aux fines herbes

Donne 8

175 g/6 oz/¾ tasse de beurre ou de margarine

225 g/8 oz/2 tasses de farine ordinaire forte (pain)

15 ml / 1 cuillère à café de levure chimique

Une pincée de sel

5 ml/1 cuillère à café de cassonade douce

30 ml/2 cuillères à soupe d'herbes séchées

60 ml/4 cuillères à soupe de lait ou d'eau

Lait pour le brushing

Frotter le beurre ou la margarine dans la farine, la poudre à pâte et le sel jusqu'à ce que le mélange ressemble à de la chapelure. Mélanger le sucre et les herbes. Ajouter suffisamment de lait ou d'eau pour faire une pâte molle. Étaler sur une surface légèrement farinée sur une épaisseur d'environ 2 cm/¾ et couper en rondelles à l'emporte-pièce. Placer les scones (biscuits) sur une plaque à pâtisserie graissée et badigeonner la surface de lait. Cuire au four préchauffé à 200°C/400°F/thermostat 6 pendant 10 minutes jusqu'à ce qu'ils soient bien gonflés et dorés.

Pain muesli

Donne 8 quartiers

100 g/4 oz/1 tasse de muesli

150 ml/¼ pt/2/3 tasses d'eau

50 g/2 oz/¼ tasse de beurre ou de margarine

100 g/4 oz/1 tasse de farine ordinaire (ordinaire) ou complète (blé entier)

10 ml / 2 cuillères à café de levure chimique

50 g/2 oz/1/3 tasse de raisins secs

1 oeuf, battu

Faire tremper le muesli dans l'eau pendant 30 minutes. Frottez le beurre ou la margarine dans la farine et la levure chimique jusqu'à ce que le mélange ressemble à de la chapelure, mélangez les raisins secs et le muesli trempé et mélangez en une pâte molle. Former un cercle de 20 cm/8 et l'aplatir sur une plaque graissée. Couper partiellement en huit parties et badigeonner d'œuf. Cuire au four préchauffé à 230°C/450°F/thermostat 8 pendant environ 20 minutes jusqu'à ce qu'ils soient dorés.

Morceaux d'orange et de raisins secs

Donne 12

50 g/2 oz/¼ tasse de beurre ou de margarine

225 g/8 oz/2 tasses de farine ordinaire (tout usage)

2,5 ml/½ cuillère à café de bicarbonate de soude (bicarbonate de soude)

100 g/4 oz/2/3 tasse de raisins secs

5 ml/1 cuillère à café de zeste d'orange râpé

60 ml/4 cuillères à soupe de jus d'orange

60 ml/4 cuillères à soupe de lait

Lait pour le glaçage

Frotter le beurre ou la margarine dans la farine et le bicarbonate de soude, puis incorporer les raisins secs et le zeste d'orange. Mélanger le jus d'orange et le lait en une pâte molle. Étaler sur un plan légèrement fariné sur une épaisseur d'environ 2,5 cm/1 et découper des rondelles à l'emporte-pièce. Placer les scones (biscuits) sur une plaque à pâtisserie graissée et badigeonner la surface de lait. Cuire dans un four préchauffé à 200°C/400°F/thermostat 6 pendant 15 minutes jusqu'à ce qu'ils soient légèrement dorés.

Scones aux poires

Donne 12

50 g/2 oz/¼ tasse de beurre ou de margarine

225 g/8 oz/2 tasses de farine auto-levante (auto-levante)

25 g/1 oz/2 cuillères à soupe de sucre cristallisé

1 poire ferme, pelée, évidée et hachée

150 ml/¼ pt/2/3 tasse de yogourt nature

30 ml/2 cuillères à soupe de lait

Frottez le beurre ou la margarine dans la farine. Incorporer le sucre et la poire, puis mixer le yaourt en une pâte molle en ajoutant un peu de lait si nécessaire. Étaler sur un plan légèrement fariné sur une épaisseur d'environ 2,5 cm/1 et découper des rondelles à l'emporte-pièce. Placez les scones (biscuits) sur une plaque à pâtisserie graissée et faites cuire dans un four préchauffé à 230°C/450°F/thermostat 8 pendant 10-15 minutes jusqu'à ce qu'ils soient bien gonflés et dorés.

Scones aux pommes de terre

Donne 12

50 g/2 oz/¼ tasse de beurre ou de margarine

225 g/8 oz/2 tasses de farine auto-levante (auto-levante)

Une pincée de sel

175 g/6 oz/¾ tasse de purée de pommes de terre cuite

60 ml/4 cuillères à soupe de lait

Frottez le beurre ou la margarine dans la farine et le sel. Incorporer la purée de pommes de terre et suffisamment de lait pour faire une pâte molle. Étaler sur un plan légèrement fariné sur une épaisseur d'environ 2,5 cm/1 et découper des rondelles à l'emporte-pièce. Placez les scones (biscuits) sur une plaque à pâtisserie légèrement graissée et faites cuire dans un four préchauffé à 200°C/400°F/thermostat 6 pendant 15-20 minutes jusqu'à ce qu'ils soient légèrement dorés.

Scones aux raisins secs

Donne 12

75 g/3 oz/½ tasse de raisins secs

225 g/8 oz/2 tasses de farine ordinaire (tout usage)

2,5 ml/½ cuillère à café de sel

15 ml/1 cuillère à soupe de levure chimique

25 g/1 oz/2 cuillères à soupe de sucre cristallisé

50 g/2 oz/¼ tasse de beurre ou de margarine

120 ml/4 fl oz/½ tasse de crème liquide (légère).

1 oeuf, battu

Faire tremper les raisins secs dans de l'eau chaude pendant 30 minutes puis les égoutter. Mélanger les ingrédients secs ensemble et frotter dans le beurre ou la margarine. Mélanger la crème et l'œuf en une pâte molle. Diviser en trois boules, étaler à environ 1 cm/½ d'épaisseur et déposer sur une plaque à pâtisserie graissée. Couper chacun en quartiers. Cuire les scones (biscuits) dans un four préchauffé à 230°C/450°F/thermostat 8 pendant environ 10 minutes jusqu'à ce qu'ils soient dorés.

Scones à la mélasse

Donne 10

225 g/8 oz/2 tasses de farine ordinaire (tout usage)

10 ml / 2 cuillères à café de levure chimique

2,5 ml/½ cuillère à café de cannelle moulue

50 g/2 oz/¼ tasse de beurre ou de margarine, en cubes

25 g/1 oz/2 cuillères à soupe de sucre cristallisé

30 ml/2 cuillères à soupe de sirop noir (mélasse)

150 ml/¼ pt/2/3 tasses de lait

Mélangez la farine, la levure chimique et la cannelle. Frotter le beurre ou la margarine, puis incorporer le sucre, le sirop et suffisamment de lait pour obtenir une pâte molle. Étaler en un disque de 1 cm/½ d'épaisseur et découper en 2 ronds de 5 cm à l'aide d'un emporte-pièce. Placez les scones (biscuits) sur une plaque à pâtisserie graissée et faites cuire dans un four préchauffé à 220°C/425°F/thermostat 7 pendant 10-15 minutes jusqu'à ce qu'ils soient bien gonflés et dorés.

Scones à la mélasse et au gingembre

Donne 12

400g/14oz/3½ tasses de farine ordinaire (tout usage)

50 g/2 oz/½ tasse de farine de riz

5 ml/1 cuillère à café de bicarbonate de soude (bicarbonate de soude)

2,5 ml/½ cuillère à café de tartre

10 ml/2 cuillères à café de gingembre moulu

2,5 ml/½ cuillère à café de sel

10 ml/2 cuillères à café de sucre finement divisé

50 g/2 oz/¼ tasse de beurre ou de margarine

30 ml/2 cuillères à soupe de sirop noir (mélasse)

300 ml/½ pt/1¼ tasse de lait

Mélanger les ingrédients secs ensemble. Frotter dans du beurre ou de la margarine jusqu'à ce que le mélange ressemble à de la chapelure. Incorporer le sirop et suffisamment de lait pour obtenir une pâte molle mais non collante. Pétrir délicatement sur un plan légèrement fariné, Étaler et découper dans des emporte-pièces de 7,5 cm/3. Placer les scones (biscuits) sur une plaque à pâtisserie graissée et badigeonner avec le lait restant. Cuire au four préchauffé à 220°C/425°F/thermostat 7 pendant 15 minutes jusqu'à ce qu'ils soient gonflés et dorés.

Scones à la sultanine

Donne 12

225 g/8 oz/2 tasses de farine ordinaire (tout usage)

Une pincée de sel

2,5 ml/½ cuillère à café de bicarbonate de soude (bicarbonate de soude)

2,5 ml/½ cuillère à café de tartre

50 g/2 oz/¼ tasse de beurre ou de margarine

25 g/1 oz/2 cuillères à soupe de sucre cristallisé

50 g/2 oz/1/3 tasse de raisins secs (raisins dorés)

7,5 ml/½ cuillère à soupe de jus de citron

150 ml/¼ pt/2/3 tasses de lait

Mélanger la farine, le sel, l'eau gazeuse et le tartre. Frotter dans du beurre ou de la margarine jusqu'à ce que le mélange ressemble à de la chapelure. Mélanger le sucre et la sultanine. Mélanger le jus de citron dans le lait et incorporer graduellement aux ingrédients secs jusqu'à ce que la pâte soit molle. Pétrir légèrement, puis étaler à environ 1 cm/½ d'épaisseur et couper en 5 cm/2 ronds à l'aide d'un emporte-pièce. Placer les scones (biscuits) sur une plaque à pâtisserie graissée et cuire dans un four préchauffé à 230°C/450°F/thermostat 8 pendant environ 10 minutes, jusqu'à ce qu'ils soient bien gonflés et dorés.

Pain complet au sirop

Donne 12

100 g/4 oz/1 tasse de farine de blé entier

100 g/4 oz/1 tasse de farine ordinaire (tout usage)

25 g/1 oz/2 cuillères à soupe de sucre cristallisé

2,5 ml/½ cuillère à café de tartre

2,5 ml/½ cuillère à café de bicarbonate de soude (bicarbonate de soude)

5 ml/1 c. à thé mélange d'épices (tarte aux pommes)

50 g/2 oz/¼ tasse de beurre ou de margarine

30 ml/2 cuillères à soupe de sirop noir (mélasse)

100 ml/3½ fl oz/6½ cuillères à soupe de lait

Mélanger les ingrédients secs ensemble et frotter dans le beurre ou la margarine. Faire chauffer le sirop et mélanger aux ingrédients jusqu'à ce que le lait soit une pâte molle. Étaler sur une surface légèrement farinée à 1 cm/½ d'épaisseur et couper en rondelles avec un emporte-pièce. Placer les scones (biscuits) sur une plaque à pâtisserie graissée et farinée et les badigeonner de lait. Cuire au four préchauffé à 190°C/375°F/thermostat 5 pendant 20 minutes.

Morceaux de yaourt

Donne 12

200 g/7 oz/1¾ tasse de farine ordinaire (tout usage)

25 g/1 oz/¼ tasse de farine de riz

10 ml / 2 cuillères à café de levure chimique

Une pincée de sel

15 ml/1 cuillère à soupe de sucre fin

50 g/2 oz/¼ tasse de beurre ou de margarine

150 ml/¼ pt/2/3 tasse de yogourt nature

Mélanger ensemble la farine, la levure chimique, le sel et le sucre. Frotter dans du beurre ou de la margarine jusqu'à ce que le mélange ressemble à de la chapelure. Incorporer le yaourt pour obtenir une pâte molle mais non collante. Étaler sur un plan de travail fariné sur une épaisseur d'environ 2 cm/¾ et découper en 5 cm/2 ronds à l'aide d'un emporte-pièce. Placer sur une plaque à pâtisserie graissée et cuire au four préchauffé à 200°C/400°F/thermostat 6 pendant environ 15 minutes jusqu'à ce qu'ils soient bien gonflés et dorés.

Morceaux de fromage

Donne 12

225 g/8 oz/2 tasses de farine ordinaire (tout usage)

2,5 ml/½ cuillère à café de sel

15 ml/1 cuillère à soupe de levure chimique

50 g/2 oz/¼ tasse de beurre ou de margarine

100 g/4 oz/1 tasse de fromage cheddar, râpé

150 ml/¼ pt/2/3 tasses de lait

Mélanger ensemble la farine, le sel et la levure chimique. Frotter dans du beurre ou de la margarine jusqu'à ce que le mélange ressemble à de la chapelure. Incorporer le fromage. Incorporer le lait petit à petit pour obtenir une pâte molle. Pétrir légèrement, puis étaler à environ 1 cm/½ d'épaisseur et couper en 5 cm/2 ronds à l'aide d'un emporte-pièce. Placez les scones (biscuits) sur une plaque à pâtisserie graissée et faites cuire dans un four préchauffé à 220°C/425°F/thermostat 7 pendant 12-15 minutes jusqu'à ce qu'ils soient bien gonflés et dorés. Servir chaud ou froid.

Scones aux herbes de grains entiers

Donne 12

100 g/4 oz/½ tasse de beurre ou de margarine

175 g/6 oz/1¼ tasse de farine de blé entier

50 g/2 oz/½ tasse de farine ordinaire (tout usage)

10 ml / 2 cuillères à café de levure chimique

30 ml/2 cuillères à soupe de sauge ou de thym frais hachés

150 ml/¼ pt/2/3 tasses de lait

Frotter le beurre ou la margarine dans la farine et la levure chimique jusqu'à ce que le mélange ressemble à de la chapelure. Incorporer les herbes et assez de lait pour faire une pâte molle. Pétrir légèrement, puis étaler à environ 1 cm/½ d'épaisseur et couper en 5 cm/2 ronds à l'aide d'un emporte-pièce. Placer les scones (biscuits) sur une plaque à pâtisserie graissée et badigeonner la surface de lait. Cuire au four préchauffé à 220°C/425°F/thermostat 7 pendant 10 minutes jusqu'à ce qu'ils soient gonflés et dorés.

Pipes à salami et fromage

Offres 4

50 g/2 oz/¼ tasse de beurre ou de margarine

225 g/8 oz/2 tasses de farine auto-levante (auto-levante)

Une pincée de sel

50 g/2 oz de salami, haché

75 g/3 oz/¾ tasse de fromage cheddar râpé

75 ml/5 cuillères à soupe de lait

Frotter le beurre ou la margarine dans la farine et le sel jusqu'à ce que le mélange ressemble à de la chapelure. Incorporer le salami et le fromage, puis ajouter le lait et mélanger en une pâte molle. Former un rond de 20 cm/8 et aplatir légèrement. Placez les scones (biscuits) sur une plaque à pâtisserie graissée et faites cuire dans un four préchauffé à 220°C/425°F/thermostat 7 pendant 15 minutes jusqu'à ce qu'ils soient dorés.

Scones de blé entier

Donne 12

175 g/6 oz/1½ tasse de farine de blé entier

50 g/2 oz/½ tasse de farine ordinaire (tout usage)

15 ml/1 cuillère à soupe de levure chimique

Une pincée de sel

50 g/2 oz/¼ tasse de beurre ou de margarine

50 g/2 oz/¼ tasse de sucre cristallisé

150 ml/¼ pt/2/3 tasses de lait

Mélangez ensemble la farine, la levure chimique et le sel. Frotter dans du beurre ou de la margarine jusqu'à ce que le mélange ressemble à de la chapelure. Mélanger le sucre. Incorporer le lait petit à petit pour obtenir une pâte molle. Pétrir légèrement, puis étaler à environ 1 cm/½ d'épaisseur et couper en 5 cm/2 ronds à l'aide d'un emporte-pièce. Placez les scones (biscuits) sur une plaque à pâtisserie graissée et faites cuire dans un four préchauffé à 230°C/450°F/thermostat 8 pendant environ 15 minutes, jusqu'à ce qu'ils soient gonflés et dorés. Servir chaud.

Conkies de la Barbade

Donne 12

350g/12oz potiron, râpé

225 g/8 oz de patates douces, râpées

1 grosse noix de coco, râpée ou 225 g/8 oz 2 tasses de noix de coco déshydratée (râpée)

350g/12oz/1½ tasses de cassonade douce

5 ml/1 c. à thé d'épices moulues (tarte aux pommes)

5 ml/1 cuillère à café de noix de muscade râpée

5 ml/1 cuillère à café de sel

5 ml/1 cuillère à café d'essence d'amande (extrait)

100 g/4 oz/2/3 tasse de raisins secs

350 g/12 oz/3 tasses de semoule de maïs

100 g/4 oz/1 tasse de farine auto-levante (auto-levante)

175 g/6 oz/¾ tasse de beurre ou de margarine, fondu

300 ml/½ pt/1¼ tasse de lait

Mélanger la citrouille, la patate douce et la noix de coco ensemble. Mélanger le sucre, les épices, le sel et l'essence d'amande. Ajouter les raisins secs, la semoule de maïs et la farine et bien mélanger. Mélanger le beurre fondu ou la margarine avec le lait et mélanger aux ingrédients secs jusqu'à ce qu'ils soient bien mélangés. Mettez environ 60 ml/4 cuillères à soupe du mélange dans le papier d'aluminium, veillez à ne pas trop remplir. Pliez le papier d'aluminium dans un emballage afin qu'il soit soigneusement emballé et que le mélange ne soit pas exposé. Répéter avec le reste du mélange. Faites cuire les conkies à la vapeur sur une grille au-dessus de l'eau bouillante pendant environ 1 heure jusqu'à ce qu'ils soient fermes et cuits. Servir chaud ou froid.

Biscuits de Noël frits

Donne 40

50 g/2 oz/¼ tasse de beurre ou de margarine

100 g/4 oz/1 tasse de farine ordinaire (tout usage)

2,5 ml/½ cuillère à café de cardamome moulue

25 g/1 oz/2 cuillères à soupe de sucre cristallisé

15 ml/1 cuillère à soupe de crème épaisse

5 ml/1 cuillère à café de cognac

1 petit oeuf, battu

Huile pour friture

Sucre en poudre (pâtisseries) pour saupoudrer

Frotter le beurre ou la margarine dans la farine et la cardamome jusqu'à ce que le mélange ressemble à de la chapelure. Incorporer le sucre, puis ajouter la crème et le cognac et suffisamment d'œufs pour rendre le mélange assez ferme. Couvrir et laisser au frais pendant 1 heure.

Étaler sur une planche légèrement farinée à 5 mm/¼ d'épaisseur et couper en bandes de 10 x 2,5 cm/4 x 1 avec une machine à pain. Utilisez un couteau bien aiguisé pour couper une fente au centre de chaque bande. Tirez l'autre extrémité du ruban à travers la fente pour faire un demi-arc. Faites frire les craquelins (biscuits) par lots dans l'huile chaude pendant environ 4 minutes jusqu'à ce qu'ils soient dorés et gonflés. Égoutter avec du papier essuie-tout (essuie-tout) et servir saupoudré de sucre en poudre.

Gâteaux de semoule de maïs

Donne 12

100 g/4 oz/1 tasse de farine auto-levante (auto-levante)

100 g/4 oz/1 tasse de semoule de maïs

5 ml/1 cuillère à café de levure chimique

15 g/½ oz/1 cuillère à soupe de sucre semoule

2 oeufs

375 ml/13 oz/1½ tasse de lait

60 ml/4 cuillères à soupe d'huile

Huile pour friture peu profonde

Mélanger les ingrédients secs ensemble et faire un puits au milieu. Fouetter les œufs, le lait et l'huile mesurée ensemble et incorporer les ingrédients secs. Faites chauffer un peu d'huile dans une grande poêle et faites revenir (frire) 60 ml/4 cuillères à soupe de pâte jusqu'à ce que des bulles apparaissent à la surface. Tourner et dorer de l'autre côté. Retirer de la poêle et garder au chaud pendant que vous continuez avec le reste de la pâte. Servir chaud.

Crumpettes

Donne 8

15 g/½ oz de levure fraîche ou 20 ml/4 càc de levure sèche

5 ml/1 cuillère à café de sucre fin

300 ml/½ pt/1¼ tasse de lait

1 oeuf

250 g/9 oz/2¼ tasses de farine ordinaire (tout usage)

5 ml/1 cuillère à café de sel

Huile de lubrification

Mélangez la levure et le sucre avec un peu de lait pour obtenir une pâte et mélangez le reste du lait et de l'œuf. Mélangez le liquide dans la farine et le sel et mélangez en une pâte épaisse et crémeuse. Couvrir et laisser dans un endroit chaud pendant 30 minutes jusqu'à ce qu'il double de volume. Chauffez une plaque chauffante ou une poêle à frire lourde (casserole) et graissez-la légèrement. Placer sur une plaque à pâtisserie de 7,5 cm/3. (Si vous n'avez pas de cercles de cuisson, coupez soigneusement le haut et le bas d'un petit moule.) Versez des tasses du mélange dans les cercles et faites cuire environ 5 minutes, jusqu'à ce que le dessous soit brun et que le dessus soit pris. Répéter avec le reste du mélange. Servir rôti.

Beignets

Donne 16

300 ml/½ pt/1¼ tasse de lait chaud

15 ml/1 cuillère à soupe de levure sèche

175 g/6 oz/¾ tasse de sucre cristallisé

450 g/1 lb/4 tasses de farine ordinaire forte (pain)

5 ml/1 cuillère à café de sel

50 g/2 oz/¼ tasse de beurre ou de margarine

1 oeuf, battu

Huile pour friture

5 ml/1 cuillère à café de cannelle moulue

Mélanger le lait chaud, la levure, 5 ml/1 cuillère à café de sucre et 100 g/4 oz/1 tasse de farine. Laisser dans un endroit chaud pendant 20 minutes jusqu'à consistance mousseuse. Mélanger le reste de la farine, 50 g/2 oz/¼ tasse de sucre et le sel dans un bol et frotter le beurre ou la margarine jusqu'à ce que le mélange ressemble à de la chapelure. Incorporer le mélange d'œufs et de levure et pétrir en une pâte très lisse. Couvrir et laisser dans un endroit chaud pendant 1 heure. Pétrir à nouveau et étaler en un disque de 2 cm/½ d'épaisseur. Détailler en rondelles avec un emporte-pièce 8cm/3 et découper les centres avec un emporte-pièce 4cm/1½.

Placer sur une plaque à pâtisserie graissée et laisser lever pendant 20 minutes. Faites chauffer l'huile jusqu'à ce qu'elle fume presque, puis faites frire les beignets quelques minutes à la fois jusqu'à ce qu'ils soient dorés. Bien égoutter. Mettez le reste du sucre et de la cannelle dans un sac et secouez les beignets dans le sac jusqu'à ce qu'ils soient bien enrobés.

beignets de pommes de terre

Donne 24

15 ml/1 cuillère à soupe de levure sèche

60 ml/4 cuillères à soupe d'eau tiède

25 g/1 oz/2 cuillères à soupe de sucre cristallisé

25 g/1 oz/2 cuillères à soupe de silava (raccourci)

1,5 ml/¼ cuillère à café de sel

75 g/3 oz/1/3 tasse de purée de pommes de terre

1 oeuf, battu

120 ml/4 fl oz/½ tasse de lait, bouilli

300g/10oz/2½ tasses de farine ordinaire forte (pain)

Huile pour friture

Sucre cristallisé pour saupoudrer

Délayer la levure dans de l'eau tiède avec une cuillère à café de sucre et laisser mousser. Mélanger le saindoux, les sucres restants et le sel ensemble. Incorporer la pomme de terre, le mélange de levure, l'œuf et le lait, puis ajouter progressivement la farine et mélanger en une pâte lisse. Démoulez sur un plan fariné et pétrissez bien. Placer dans un bol graissé, couvrir d'un film alimentaire (pellicule plastique) et laisser dans un endroit chaud pendant environ 1 heure jusqu'à ce qu'elle double de volume.

Pétrir à nouveau puis étaler à 1 cm/½ d'épaisseur. Détailler en rondelles avec un emporte-pièce 8cm/3, puis découper les centres avec un emporte-pièce 4cm/1½ pour faire des beignets. Laisser monter jusqu'au double. Faites chauffer l'huile et faites frire les beignets jusqu'à ce qu'ils soient dorés. Saupoudrer de sucre dessus et laisser refroidir.

Pain naan

Donne 6

2,5 ml/½ cuillère à café de levure sèche

60 ml/4 cuillères à soupe d'eau tiède

350 g/12 oz/3 tasses de farine ordinaire (tout usage)

10 ml / 2 cuillères à café de levure chimique

Une pincée de sel

150 ml/¼ pt/2/3 tasse de yogourt nature

Beurre fondu pour badigeonner

Mélanger la levure et l'eau tiède et laisser dans un endroit chaud pendant 10 minutes jusqu'à ce qu'elle mousse. Mélanger le mélange de levure dans la farine, la levure chimique et le sel, puis mélanger dans le yaourt pour former une pâte molle. Pétrir jusqu'à ce qu'il ne soit plus collant. Placer dans un bol huilé, couvrir et laisser lever pendant 8 heures.

Diviser la pâte en six parts et rouler en ovales d'environ 5 mm/¼ d'épaisseur. Placer sur une plaque à pâtisserie graissée et badigeonner de beurre fondu. Griller (frire) à feu moyen (broiler) pendant environ 5 minutes jusqu'à ce qu'ils soient légèrement gonflés, retourner et beurrer l'autre côté et griller encore 3 minutes jusqu'à ce qu'ils soient légèrement dorés.

Bannocks à l'avoine

Donne 4

100 g/4 oz/1 tasse de gruau moyen

2,5 ml/½ cuillère à café de sel

une pincée de bicarbonate de soude (bicarbonate de soude)

10 ml / 2 cuillères à café d'huile

60 ml/4 cuillères à café d'eau chaude

Mélanger les ingrédients secs dans un bol et faire un puits au milieu. Mélanger l'huile et assez d'eau pour faire une pâte ferme. Démoulez sur une surface légèrement farinée et pétrissez jusqu'à consistance lisse. Étalez en un disque d'environ 5 mm/¼ d'épaisseur, lissez les bords et coupez en quartiers. Chauffer une poêle à frire ou une poêle à frire épaisse et cuire (cuire) les bannocks pendant environ 20 minutes jusqu'à ce que les coins commencent à s'enrouler. Retourner et cuire de l'autre côté pendant 6 minutes.

Brochets

Donne 8

10 ml/2 càc de levure fraîche ou 5 ml/1 càc de levure sèche

5 ml/1 cuillère à café de sucre fin

300 ml/½ pt/1¼ tasse de lait

1 oeuf

225 g/8 oz/2 tasses de farine ordinaire (tout usage)

5 ml/1 cuillère à café de sel

Huile de lubrification

Mélangez la levure et le sucre avec un peu de lait pour obtenir une pâte et mélangez le reste du lait et de l'œuf. Mélanger le liquide avec la farine et le sel et mélanger en une pâte fine. Couvrir et laisser dans un endroit chaud pendant 30 minutes jusqu'à ce qu'il double de volume. Chauffez une plaque chauffante ou une poêle à frire lourde (casserole) et graissez-la légèrement. Verser des tasses du mélange dans la poêle et cuire environ 3 minutes jusqu'à ce que le dessous soit brun, puis retourner et cuire environ 2 minutes de l'autre côté. Répéter avec le reste du mélange.

Scones faciles à déposer

Donne 15

100 g/4 oz/1 tasse de farine auto-levante (auto-levante)

Une pincée de sel

15 ml/1 cuillère à soupe de sucre fin

1 oeuf

150 ml/¼ pt/2/3 tasses de lait

Huile de lubrification

Mélanger la farine, le sel et le sucre ensemble et faire un puits au milieu. Plongez-y l'œuf et mélangez progressivement l'œuf et le lait jusqu'à obtenir une pâte lisse. Chauffez une grande poêle (poêle) et huilez-la légèrement. Quand c'est chaud, déposez des cuillerées de pâte sur le moule pour former des ronds. Enfourner environ 3 minutes jusqu'à ce que les scones (biscuits) soient gonflés et dorés sur le fond, puis les retourner et dorer l'autre face. Servir chaud ou tiède.

Scones à l'érable

Donne 30

200 g/7 oz/1¾ tasses de farine auto-levante (auto-levante)

25 g/1 oz/¼ tasse de farine de riz

10 ml / 2 cuillères à café de levure chimique

25 g/1 oz/2 cuillères à soupe de sucre cristallisé

Une pincée de sel

15 ml/1 cuillère à soupe de sirop d'érable

1 oeuf, battu

200 ml / 7 fl oz / à peine 1 tasse de lait

Huile de tournesol

50 g/2 oz/¼ tasse de beurre ou de margarine, ramolli

15 ml/1 cuillère à soupe de noix hachées

Mélangez la farine, la levure chimique, le sucre et le sel et faites un puits au milieu. Ajouter le sirop d'érable, l'œuf et la moitié du lait et battre jusqu'à consistance lisse. Mélanger le reste du lait en une pâte épaisse. Faire chauffer un peu d'huile dans une poêle et verser l'excédent. Déposer des cuillerées de pâte dans la poêle et faire frire (frire) jusqu'à ce que le dessous soit doré. Retourner et faire frire également les autres côtés. Retirer de la poêle et garder au chaud pendant la cuisson des scones restants. Écrasez le beurre ou la margarine avec les noix et saupoudrez les scones chauds de beurre aromatisé pour servir.

Scones à la plancha

Donne 12

225 g/8 oz/2 tasses de farine ordinaire (tout usage)

5 ml/1 cuillère à café de bicarbonate de soude (bicarbonate de soude)

10 ml/2 cc de tartre

2,5 ml/½ cuillère à café de sel

25 g/1 oz/2 cuillères à soupe de ghee (shortening) ou de beurre

25 g/1 oz/2 cuillères à soupe de sucre cristallisé

150 ml/¼ pt/2/3 tasses de lait

Huile de lubrification

Mélanger la farine, le bicarbonate de soude, la crème de tartre et le sel. Frotter le saindoux ou le beurre, puis incorporer le sucre. Incorporer le lait petit à petit jusqu'à obtenir une pâte molle. Couper la pâte en deux, pétrir et façonner chacune en un rond plat d'environ 1 cm/½ d'épaisseur. Couper chaque rond en six. Faites chauffer une poêle ou une grande poêle et huilez-la légèrement. Lorsque les scones sont chauds, les mettre dans la poêle et cuire environ 5 minutes jusqu'à ce que le dessous soit doré, puis les retourner et cuire l'autre face. Laisser refroidir sur une grille.

Morceaux grillés au fromage

Donne 12

25 g/1 oz/2 cuillères à soupe de beurre ou de margarine, ramolli

100 g/4 oz/½ tasse de fromage cottage

5 ml/1 cuillère à café de ciboulette fraîche hachée

2 œufs, battus

40 g/1½ oz/1/3 tasse de farine ordinaire (tout usage)

15 g/½ oz/2 cuillères à soupe de farine de riz

5 ml/1 cuillère à café de levure chimique

15 ml/1 cuillère à soupe de lait

Huile de lubrification

Mélanger tous les ingrédients sauf l'huile ensemble dans une pâte épaisse. Faire chauffer un peu d'huile dans une poêle puis égoutter l'excédent. Faire frire (frire) des cuillerées du mélange jusqu'à ce que le dessous soit doré. Retournez les scones (biscuits) et faites cuire l'autre côté. Retirer de la poêle et garder au chaud pendant la cuisson des scones restants

Crêpes écossaises spéciales

Donne 12

100 g/4 oz/1 tasse de farine ordinaire (tout usage)

10 ml/2 cuillères à café de sucre finement divisé

5 ml/1 cuillère à café de tartre

2,5 ml/½ cuillère à café de sel

2,5 ml/½ cuillère à café de bicarbonate de soude (bicarbonate de soude)

1 oeuf

5 ml/1 cuillère à café de sirop doré (maïs clair)

120 ml/4 fl oz/½ tasse de lait chaud

Huile de lubrification

Mélanger les ingrédients secs ensemble et faire un puits au milieu. Battre l'œuf avec le sirop et le lait et mélanger au mélange de farine jusqu'à ce que la pâte soit très épaisse. Couvrir et laisser reposer environ 15 minutes jusqu'à ce que le mélange bouillonne. Faites chauffer une grande plaque chauffante ou une poêle à frire épaisse (casserole) et graissez-la légèrement. Déposez de petites cuillerées de pâte sur la plaque chauffante et faites cuire d'un côté pendant environ 3 minutes jusqu'à ce que le dessous soit doré, puis retournez et faites cuire de l'autre côté pendant environ 2 minutes. Enveloppez les pancakes dans un torchon chaud (torchon) pendant que vous faites cuire le reste de la pâte. Servir frais et beurré, rôti ou poêlé (frit).

Crêpes écossaises fruitées

Donne 12

100 g/4 oz/1 tasse de farine ordinaire (tout usage)

10 ml/2 cuillères à café de sucre finement divisé

5 ml/1 cuillère à café de tartre

2,5 ml/½ cuillère à café de sel

2,5 ml/½ cuillère à café de bicarbonate de soude (bicarbonate de soude)

100 g/4 oz/2/3 tasse de raisins secs

1 oeuf

5 ml/1 cuillère à café de sirop doré (maïs clair)

120 ml/4 fl oz/½ tasse de lait chaud

Huile de lubrification

Mélanger les ingrédients secs et les raisins secs ensemble et faire un puits au milieu. Battre l'œuf avec le sirop et le lait et mélanger au mélange de farine jusqu'à ce que la pâte soit très épaisse. Couvrir et laisser reposer environ 15 minutes jusqu'à ce que le mélange bouillonne. Faites chauffer une grande plaque chauffante ou une poêle à frire épaisse (casserole) et graissez-la légèrement. Déposez de petites cuillerées de pâte sur la plaque chauffante et faites cuire d'un côté pendant environ 3 minutes jusqu'à ce que le dessous soit doré, puis retournez et faites cuire de l'autre côté pendant environ 2 minutes. Enveloppez les pancakes dans un torchon chaud (torchon) pendant la cuisson du reste. Servir frais et beurré, rôti ou poêlé (frit).

Pancakes écossais à l'orange

Donne 12

100 g/4 oz/1 tasse de farine ordinaire (tout usage)

10 ml/2 cuillères à café de sucre finement divisé

5 ml/1 cuillère à café de tartre

2,5 ml/½ cuillère à café de sel

2,5 ml/½ cuillère à café de bicarbonate de soude (bicarbonate de soude)

10 ml/2 cuillères à café de zeste d'orange râpé

1 oeuf

5 ml/1 cuillère à café de sirop doré (maïs clair)

120 ml/4 fl oz/½ tasse de lait chaud

Quelques gouttes d'essence d'orange (extrait)

Huile de lubrification

Mélanger les ingrédients secs et le zeste d'orange et faire un puits au milieu. Battre l'œuf avec le sirop, le lait et l'essence d'orange et mélanger au mélange de farine jusqu'à ce que la pâte soit très épaisse. Couvrir et laisser reposer environ 15 minutes jusqu'à ce que le mélange bouillonne. Faites chauffer une grande plaque chauffante ou une poêle à frire épaisse (casserole) et graissez-la légèrement. Déposez de petites cuillerées de pâte sur la plaque chauffante et faites cuire d'un côté pendant environ 3 minutes jusqu'à ce que le dessous soit doré, puis retournez et faites cuire de l'autre côté pendant environ 2 minutes. Enveloppez les pancakes dans un torchon chaud (torchon) pendant la cuisson du reste. Servir frais et beurré, rôti ou poêlé (frit).

Chante Bardot

Donne 12

225 g/8 oz/2 tasses de farine ordinaire (tout usage)

2,5 ml/½ cuillère à café de sel

2,5 ml/½ cuillère à café de levure chimique

50 g/2 oz/¼ tasse de saindoux (raccourci)

50 g/2 oz/¼ tasse de beurre ou de margarine

100 g/4 oz/2/3 tasse de raisins secs

120 ml/4 oz/½ tasse de lait

Huile de lubrification

Mélanger les ingrédients secs ensemble et frotter le saindoux et le beurre ou la margarine jusqu'à ce que le mélange ressemble à de la chapelure. Incorporer les groseilles et faire un puits au milieu. Incorporer suffisamment de lait pour former une pâte ferme. Étaler sur une surface légèrement farinée à environ 1 cm/½ d'épaisseur et piquer avec une fourchette. Chauffez une plaque chauffante ou une poêle à frire lourde (casserole) et graissez-la légèrement. Cuire le gâteau pendant environ 5 minutes jusqu'à ce que le côté inférieur soit doré, puis retourner et cuire l'autre côté pendant environ 4 minutes. Servir fendu et beurré.

gâteaux gallois

Offres 4

225 g/8 oz/2 tasses de farine ordinaire (tout usage)

5 ml/1 cuillère à café de levure chimique

2,5 ml/½ c. à thé d'épices mélangées moulues (tarte aux pommes)

50 g/2 oz/¼ tasse de beurre ou de margarine

50 g/2 oz/¼ tasse de saindoux (raccourci)

75 g/3 oz/1/3 tasse de sucre cristallisé

50 g/2 oz/1/3 tasse de raisins secs

1 oeuf, battu

30–45 ml/2–3 cuillères à soupe de lait

Mélanger la farine, la levure chimique et les épices dans un bol. Frotter le beurre ou la margarine et le saindoux jusqu'à ce que le mélange ressemble à de la chapelure. Mélanger le sucre et les raisins de Corinthe. Incorporer l'œuf et suffisamment de lait pour former une pâte ferme. Étaler sur une planche farinée à 5 mm/¼ d'épaisseur et couper en 7,5 cm/3 ronds. Cuire sur une plaque à pâtisserie graissée pendant environ 4 minutes de chaque côté jusqu'à ce qu'ils soient dorés.

Crêpes galloises

Donne 12

175 g/6 oz/1½ tasse de farine ordinaire (tout usage)

2,5 ml/½ cuillère à café de tartre

2,5 ml/½ cuillère à café de bicarbonate de soude (bicarbonate de soude)

50 g/2 oz/¼ tasse de sucre cristallisé

25 g/1 oz/2 cuillères à soupe de beurre ou de margarine

1 oeuf, battu

120 ml/4 oz/½ tasse de lait

2,5 ml/½ cuillère à café de vinaigre

Huile de lubrification

Mélanger les ingrédients secs ensemble et incorporer le sucre. Frotter le beurre ou la margarine et faire un puits au milieu. Incorporer l'œuf et assez de lait pour faire une pâte fine. Mélanger le vinaigre. Chauffez une plaque chauffante ou une poêle à frire lourde (casserole) et graissez-la légèrement. Déposez de grandes cuillerées de pâte dans la poêle et faites frire (frire) pendant environ 3 minutes jusqu'à ce qu'elles soient dorées sur le dessous. Retourner et faire frire de l'autre côté environ 2 minutes. Servir chaud et beurré.

Pain de maïs épicé mexicain

Donne 8 rouleaux

225 g/8 oz/2 tasses de farine auto-levante (auto-levante)

5 ml/1 cuillère à café de piment en poudre

2,5 ml/½ cuillère à café de bicarbonate de soude (bicarbonate de soude)

200g/7oz/1 petite boîte de maïs en crème (maïs)

15 ml/1 cuillère à soupe de pâte de curry

250 ml/8 oz/1 tasse de yogourt nature

Huile pour friture peu profonde

Mélanger la farine, la poudre de chili et le soda. Mélanger le reste des ingrédients sauf l'huile et mélanger en une pâte molle. Démoulez sur une surface légèrement farinée et pétrissez doucement jusqu'à consistance lisse. Couper en huit morceaux et tapoter chacun en 13 cm/5 ronds. Chauffez l'huile dans une poêle à fond épais (poêle) et faites frire (frire) le pain de maïs pendant 2 minutes de chaque côté jusqu'à ce qu'il soit brun et légèrement gonflé.

Pain plat suédois

Donne 4

225 g/8 oz/2 tasses de farine de blé entier

225 g/8 oz/2 tasses de farine de seigle ou d'orge

5 ml/1 cuillère à café de sel

Environ 250 ml/8 fl oz/1 tasse d'eau tiède

Huile de lubrification

Mélanger la farine et le sel dans un bol, puis incorporer progressivement l'eau jusqu'à obtenir une pâte ferme. Vous aurez peut-être besoin d'un peu plus ou moins d'eau selon la farine que vous utilisez. Bien battre jusqu'à ce que le mélange se détache des parois du bol, puis retourner sur une surface légèrement farinée et pétrir pendant 5 minutes. Divisez la pâte en quatre parties et étalez-la en une fine couche de 20 cm/8 ronds. Faites chauffer une plaque chauffante ou une grande poêle (poêle) et huilez-la légèrement. Cuire (frire) un ou deux pains à la fois pendant environ 15 minutes de chaque côté jusqu'à ce qu'ils soient dorés.

Pain de seigle et de maïs cuit à la vapeur

Pour un pain de 23 cm/9

175 g/6 oz/1½ tasse de farine de seigle

175 g/6 oz/1½ tasse de farine de blé entier

100 g/4 oz/1 tasse de flocons d'avoine

10 ml/2 cuillères à café de bicarbonate de soude (bicarbonate de soude)

5 ml/1 cuillère à café de sel

450 ml/¾ pt/2 tasses de lait

175 g/6 oz/½ tasse de sirop noir (mélasse)

10 ml/2 cuillères à café de jus de citron

Mélanger la farine, les flocons d'avoine, le soda et le sel. Faire chauffer le lait, le sirop et le jus de citron jusqu'à ce qu'ils soient tièdes, puis les mélanger aux ingrédients secs. Verser dans un bol à pudding graissé de 23 cm/9 et couvrir de papier d'aluminium plié. Placer dans une grande casserole et remplir avec suffisamment d'eau chaude pour arriver à mi-hauteur des côtés de la casserole. Couvrir et cuire pendant 3 heures, en ajoutant plus d'eau bouillante si nécessaire. Laisser une nuit avant de servir.

Pain de maïs doux cuit à la vapeur

Donne deux pains de 450 g/1 lb

175 g/6 oz/1½ tasse de farine ordinaire (tout usage)

225 g/8 oz/2 tasses de semoule de maïs

15 ml/1 cuillère à soupe de levure chimique

Une pincée de sel

3 oeufs

45 ml/3 cuillères à soupe d'huile

150 ml/¼ pt/2/3 tasses de lait

300 g/11 oz de maïs doux en conserve (maïs), égoutté et écrasé

Mélanger la farine, la semoule de maïs, la levure chimique et le sel. Fouettez ensemble les œufs, l'huile et le lait, puis mélangez-les aux ingrédients secs avec le maïs doux. Verser dans deux moules à pain graissés de 450 g/1 lb et les placer dans une grande casserole remplie d'assez d'eau bouillante pour arriver à mi-hauteur des côtés des moules. Couvrir et laisser mijoter pendant 2 heures, en ajoutant plus d'eau bouillante si nécessaire. Laisser refroidir dans les moules avant de retourner et de trancher.

Chapatis de blé entier

Donne 12

225 g/8 oz/2 tasses de farine de blé entier

5 ml/1 cuillère à café de sel

150 ml/¼ pt/2/3 tasses d'eau

Mélanger la farine et le sel dans un bol, puis incorporer progressivement l'eau jusqu'à obtenir une pâte ferme. Diviser en 12 parts et étaler finement sur une surface farinée. Graisser une poêle à fond épais (casserole) ou une plaque chauffante et faire frire (frire) quelques chapatis à la fois à feu moyen jusqu'à ce qu'ils soient bruns. Retourner et faire frire jusqu'à ce qu'ils soient légèrement dorés de l'autre côté. Gardez les chapatis au chaud pendant que vous faites cuire le reste. Servir beurré de l'autre côté si désiré.

Presse à blé entier

Donne 8

100 g/4 oz/1 tasse de farine de blé entier

100 g/4 oz/1 tasse de farine ordinaire (tout usage)

2,5 ml/½ cuillère à café de sel

25 g/1 oz/2 cuillères à soupe de beurre ou de margarine, fondu

150 ml/¼ pt/2/3 tasses d'eau

Huile pour friture

Mélanger la farine et le sel ensemble et faire un puits au milieu. Verser le beurre ou la margarine. Ajouter l'eau petit à petit en remuant pour former une pâte ferme. Pétrissez pendant 5 à 10 minutes, puis couvrez d'un linge humide et laissez reposer 15 minutes.

Divisez la pâte en huit parts et roulez chacune en un disque fin de 13 cm/5 ronds. Chauffez l'huile dans une grande poêle à fond épais et faites frire (frire) les morceaux un ou deux à la fois jusqu'à ce qu'ils gonflent et soient croustillants et dorés. Égoutter avec du papier essuie-tout (essuie-tout).

Biscuits aux amandes

Donne 24

100 g/4 oz/½ tasse de beurre ou de margarine, ramolli

50 g/2 oz/¼ tasse de sucre cristallisé

100 g/4 oz/1 tasse de farine auto-levante (auto-levante)

25 g/1 oz/¼ tasse d'amandes moulues

Quelques gouttes d'essence d'amande (extrait)

Battre le beurre ou la margarine et le sucre jusqu'à consistance légère et mousseuse. Mélanger la farine, les amandes moulues et l'essence d'amande dans un mélange ferme. Façonner de grosses boules de la taille d'une noix et les placer bien écartées sur une plaque à pâtisserie graissée, puis les aplatir légèrement à la fourchette. Cuire les biscuits (biscuits) dans un four préchauffé à 180°C pendant 15 minutes jusqu'à ce qu'ils soient dorés.

Boucles d'amande

Donne 30

100 g / 4 oz / 1 tasse d'amandes effilées (tranchées)

100 g/4 oz/½ tasse de beurre ou de margarine

100 g/4 oz/½ tasse de sucre cristallisé

30 ml/2 cuillères à soupe de lait

15–30 ml/1–2 cuillères à soupe de farine ordinaire (générale)

Mettez les amandes, le beurre ou la margarine, le sucre et le lait dans une casserole avec 15 ml/1 cuillère à soupe de farine. Chauffer doucement, en remuant, jusqu'à ce que le mélange soit homogène, en ajoutant le reste de la farine si nécessaire pour maintenir le mélange ensemble. Placer les cuillerées séparément sur une plaque à pâtisserie graissée et farinée et cuire dans un four préchauffé à 180°C/thermostat 4 pendant 8 minutes jusqu'à ce qu'ils soient légèrement dorés. Laisser refroidir sur la plaque environ 30 secondes puis les façonner en boucles autour du manche d'une cuillère en bois. S'ils ont suffisamment refroidi pour être façonnés, remettez-les au four pendant quelques secondes pour les réchauffer avant de façonner le reste.

Anneaux d'amande

Donne 24

100 g/4 oz/½ tasse de beurre ou de margarine, ramolli

100 g/4 oz/½ tasse de sucre cristallisé

1 œuf, séparé

225 g/8 oz/2 tasses de farine ordinaire (tout usage)

5 ml/1 cuillère à café de levure chimique

5 ml/1 cuillère à café de zeste de citron râpé

50 g/2 oz/½ tasse d'amandes effilées (hachées)

Sucre glace (super fin) pour saupoudrer

Battre le beurre ou la margarine et le sucre jusqu'à consistance légère et mousseuse. Incorporer progressivement le jaune d'oeuf, puis incorporer la farine, la levure chimique et le zeste de citron. Terminez à la main jusqu'à ce que le mélange colle. Étaler à 5 mm/¼ d'épaisseur et découper des ronds de 6 cm/2¼ à l'aide d'un emporte-pièce, puis découper les centres à l'emporte-pièce de 2 cm/¾. Disposez les biscuits bien espacés sur une plaque graissée et piquez-les avec une fourchette. Cuire au four préchauffé à 180°C/350°F/thermostat 4 pendant 10 minutes. Badigeonner de blanc d'œuf, saupoudrer d'amandes et de sucre, puis remettre au four encore 5 minutes, jusqu'à ce qu'il soit légèrement doré.

Craquelins aux amandes méditerranéennes

Donne 24

2 œufs, séparés

175 g/6 oz/1 tasse de sucre en poudre (de confiserie), tamisé

10 ml / 2 cuillères à café de levure chimique

Zeste râpé de ½ citron

Quelques gouttes d'essence de vanille (extrait)

400g/14oz/3½ tasses d'amandes moulues

Battre les jaunes et un blanc d'œuf avec le sucre jusqu'à l'obtention d'une mousse légère. Incorporer tous les ingrédients restants et mélanger en une pâte ferme. Roulez en boules de la taille d'une noix et placez-les sur une plaque à pâtisserie graissée, en appuyant légèrement pour les aplatir. Cuire au four préchauffé à 180°C/350°F/thermostat 4 pendant 15 minutes jusqu'à ce qu'ils soient dorés et craquelés.

Biscuits aux amandes et au chocolat

Donne 24

50 g/2 oz/¼ tasse de beurre ou de margarine, ramolli

75 g/3 oz/1/3 tasse de sucre cristallisé

1 petit oeuf, battu

100 g/4 oz/1 tasse de farine ordinaire (tout usage)

2,5 ml/½ cuillère à café de levure chimique

25 g/1 oz/¼ tasse d'amandes moulues

25 g/1 oz/¼ tasse de chocolat nature (mi-sucré), râpé

Battre le beurre ou la margarine et le sucre jusqu'à consistance légère et mousseuse. Incorporer l'œuf petit à petit et mélanger le reste des ingrédients en une pâte assez ferme. Si le mélange est trop humide, ajouter un peu plus de farine. Envelopper dans du papier d'aluminium (pellicule plastique) et réfrigérer pendant 30 minutes.

> Étalez la pâte en forme de cylindre et coupez-la en tranches de 1 cm/½. Placer bien séparément sur une plaque à pâtisserie graissée et cuire dans un four préchauffé à 190°C/thermostat 5 pendant 10 minutes.

Biscuits Amish aux fruits et aux noix

Donne 24

100 g/4 oz/½ tasse de beurre ou de margarine, ramolli

175 g/6 oz/¾ tasse de sucre cristallisé

1 oeuf

75 ml/5 cuillères à soupe de lait

75 g/3 oz/¼ tasse de sirop noir (mélasse)

250 g/9 oz/2¼ tasses de farine ordinaire (tout usage)

10 ml / 2 cuillères à café de levure chimique

15 ml/1 cuillère à soupe de cannelle moulue

10 ml/2 cuillères à café de bicarbonate de soude (bicarbonate de soude)

2,5 ml/½ cuillère à café de noix de muscade râpée

50 g/2 oz/½ tasse de gruau moyen

50 g/2 oz/1/3 tasse de raisins secs

25 g/1 oz/¼ tasse de noix hachées

Battre le beurre ou la margarine et le sucre jusqu'à consistance légère et mousseuse. Incorporer progressivement l'oeuf, puis le lait et le sirop. Incorporer le reste des ingrédients et mélanger en une pâte ferme. Ajouter un peu plus de lait si le mélange est trop ferme pour être travaillé, ou un peu plus de farine s'il est trop collant; la texture variera en fonction de la farine que vous utilisez. Étalez la pâte à environ 5 mm/¼ d'épaisseur et coupez-la en rondelles à l'aide d'un emporte-pièce. Placer sur une plaque à pâtisserie graissée et cuire dans un four préchauffé à 180°C/thermostat 4 pendant 10 minutes jusqu'à ce qu'ils soient dorés.

Cookies à l'anis

Donne 16

175 g/6 oz/¾ tasse de sucre cristallisé

2 blancs d'œufs

1 oeuf

100 g/4 oz/1 tasse de farine ordinaire (tout usage)

5 ml/1 cuillère à café d'anis moulu

Battre le sucre, les blancs d'œufs et l'œuf ensemble pendant 10 minutes. Incorporer progressivement la farine et incorporer l'anis. Versez le mélange dans un moule à cake de 450g/1lb et faites cuire dans un four préchauffé à 180°C pendant 35 minutes, jusqu'à ce qu'un cure-dent inséré au centre en ressorte propre. Retirer du moule et couper en tranches de 1 cm/½. Déposer les biscuits (biscuits) sur le côté sur une plaque à pâtisserie graissée et remettre au four encore 10 minutes en les retournant à mi-cuisson.

Biscuits à la banane, à l'avoine et au jus d'orange

Donne 24

100 g/4 oz/½ tasse de beurre ou de margarine, ramolli

100 g/4 oz de bananes mûres, écrasées

120 ml/4 oz/½ tasse de jus d'orange

4 blancs d'œufs, légèrement battus

10 ml/2 càc d'essence de vanille (extrait)

5 ml/1 cuillère à café de zeste d'orange finement râpé

225 g/8 oz/2 tasses d'avoine

225 g/8 oz/2 tasses de farine ordinaire (tout usage)

5 ml/1 cuillère à café de bicarbonate de soude (bicarbonate de soude)

5 ml/1 cuillère à café de noix de muscade râpée

Une pincée de sel

Battre le beurre ou la margarine jusqu'à ce qu'ils soient tendres et incorporer les bananes et le jus d'orange. Mélangez les blancs d'œufs, la crème anglaise et le zeste d'orange, puis mélangez-les au mélange de bananes et au reste des ingrédients. Déposer des cuillerées sur des plaques à pâtisserie et cuire au four préchauffé à 180°C/350°F/thermostat 4 pendant 20 minutes jusqu'à ce qu'ils soient dorés.

Cookies de base

Donne 40

100 g/4 oz/½ tasse de beurre ou de margarine, ramolli

100 g/4 oz/½ tasse de sucre cristallisé

1 oeuf, battu

5 ml/1 cuillère à café d'essence de vanille (extrait)

225 g/8 oz/2 tasses de farine ordinaire (tout usage)

Battre le beurre ou la margarine et le sucre jusqu'à consistance légère et mousseuse. Incorporer progressivement l'œuf et l'essence de vanille, puis incorporer la farine et pétrir en une pâte lisse. Rouler en boule, envelopper dans un film plastique et réfrigérer pendant 1 heure.

Étaler la pâte à 5 mm/¼ d'épaisseur et découper des rondelles à l'emporte-pièce. Placer sur une plaque à pâtisserie graissée et cuire dans un four préchauffé à 200°C/400°F/thermostat 6 pendant 10 minutes jusqu'à ce qu'ils soient dorés. Laisser refroidir sur la plaque pendant 5 minutes avant de transférer sur une grille pour terminer le refroidissement.

Biscuits croustillants au son

Donne 16

100 g/4 oz/1 tasse de farine de blé entier

100 g/4 oz/½ tasse de cassonade douce

25 g/1 oz/¼ tasse d'avoine

25 g/1 oz/½ tasse de son

5 ml/1 cuillère à café de bicarbonate de soude (bicarbonate de soude)

5 ml/1 cuillère à café de gingembre moulu

100 g/4 oz/½ tasse de beurre ou de margarine

15 ml/1 cuillère à soupe de sirop doré (maïs léger)

15 ml/1 cuillère à soupe de lait

Mélanger les ingrédients secs ensemble. Faire fondre le beurre avec le sirop et le lait puis mélanger les ingrédients secs en une pâte ferme. Placer des cuillerées du mélange de biscuits sur une plaque à pâtisserie graissée et cuire dans un four préchauffé à 160°C/325°F/thermostat 3 pendant 15 minutes jusqu'à ce qu'ils soient dorés.

Biscuits au sésame

Donne 12

225 g/8 oz/2 tasses de farine de blé entier

5 ml/1 cuillère à café de levure chimique

25 g/1 oz/½ tasse de son

Une pincée de sel

50 g/2 oz/¼ tasse de beurre ou de margarine

45 ml/3 cuillères à soupe de cassonade douce

45 ml/3 cuillères à soupe de raisins secs (raisins dorés)

1 oeuf, légèrement battu

120 ml/4 oz/½ tasse de lait

45 ml/3 cuillères à soupe de graines de sésame

Mélanger la farine, la levure chimique, le son et le sel et incorporer le beurre ou la margarine jusqu'à ce que le mélange ressemble à de la chapelure. Incorporer le sucre et les raisins secs, incorporer l'œuf et suffisamment de lait pour obtenir une pâte molle mais non collante. Étaler en un disque de 1 cm/½ d'épaisseur et découper des rondelles à l'emporte-pièce. Placer sur une plaque à pâtisserie graissée, badigeonner de lait et saupoudrer de graines de sésame. Cuire au four préchauffé à 220°C/425°F/thermostat 7 pendant 10 minutes jusqu'à ce qu'ils soient dorés.

Biscuits au brandy au cumin

Donne 30

25 g/1 oz/2 cuillères à soupe de beurre ou de margarine, ramolli

75 g/3 oz/1/3 tasse de cassonade douce

½ œuf

10 ml/2 cuillères à café de cognac

175 g/6 oz/1½ tasse de farine ordinaire (tout usage)

10 ml/2 cuillères à café de graines de cumin

5 ml/1 cuillère à café de levure chimique

Une pincée de sel

Battre le beurre ou la margarine et le sucre jusqu'à consistance légère et mousseuse. Incorporer progressivement l'œuf et le cognac, incorporer le reste des ingrédients et mélanger en une pâte ferme. Envelopper dans du papier d'aluminium (pellicule plastique) et réfrigérer pendant 30 minutes.

Étaler la pâte sur une surface légèrement farinée sur une épaisseur d'environ 3 mm/1/8 et découper des rondelles à l'emporte-pièce. Placer les biscuits sur une plaque à pâtisserie graissée et cuire dans un four préchauffé à 200°C/400°F/thermostat 6 pendant 10 minutes.

Brandy Snaps

Donne 30

100 g/4 oz/½ tasse de beurre ou de margarine

100 g/4 oz/1/3 tasse de sirop doré (maïs léger)

100g/4oz/½ tasse de sucre demerara

100 g/4 oz/1 tasse de farine ordinaire (tout usage)

5 ml/1 cuillère à café de gingembre moulu

5 ml/1 cuillère à café de jus de citron

Faire fondre le beurre ou la margarine, le sirop et le sucre dans une casserole. Laisser refroidir légèrement, puis incorporer la farine et le gingembre et le jus de citron. Déposez des cuillerées à café du mélange à intervalles de 10 cm/4 sur des plaques de cuisson graissées et faites cuire dans un four préchauffé à 180°C/350°F/thermostat 4 pendant 8 minutes jusqu'à ce qu'ils soient dorés. Laisser refroidir une minute, puis retirer du papier sulfurisé avec une tranche et rouler une cuillère en bois autour du manche graissé. Retirer le manche de la cuillère et laisser refroidir sur une grille. Si les boutons-pression durcissent trop avant de les façonner, remettez-les au four pendant une minute pour les réchauffer et les ramollir.

Biscuits au beurre

Donne 24

100 g/4 oz/½ tasse de beurre ou de margarine, ramolli

50 g/2 oz/¼ tasse de sucre cristallisé

zeste râpé de 1 citron

150 g/5 oz/1¼ tasses de farine auto-levante (auto-levante)

Battre le beurre ou la margarine et le sucre jusqu'à consistance légère et mousseuse. Travaillez le zeste de citron puis mélangez la farine en un mélange ferme. Façonner de grosses boules de la taille d'une noix et les placer bien écartées sur une plaque à pâtisserie graissée, puis les aplatir légèrement à la fourchette. Cuire les biscuits (biscuits) dans un four préchauffé à 180°C pendant 15 minutes jusqu'à ce qu'ils soient dorés.

Biscuits au caramel

Donne 40

100 g/4 oz/½ tasse de beurre ou de margarine, ramolli

100 g/4 oz/½ tasse de cassonade foncée

1 oeuf, battu

1,5 ml/¼ cuillère à café d'essence de vanille (extrait)

225 g/8 oz/2 tasses de farine ordinaire (tout usage)

7,5 ml / 1½ cuillère à café de levure chimique

Une pincée de sel

Battre le beurre ou la margarine et le sucre jusqu'à consistance légère et mousseuse. Incorporer progressivement l'œuf et l'essence de vanille. Incorporer la farine, la levure chimique et le sel. Façonner la pâte en trois boudins d'environ 5 cm/2 de diamètre, envelopper d'un film plastique (pellicule plastique) et réfrigérer pendant 4 heures ou toute la nuit.

Couper en tranches de 3 mm/1/8 d'épaisseur et déposer sur des plaques à pâtisserie non graissées. Cuire les biscuits (biscuits) dans un four préchauffé à 190°C/thermostat 5 pendant 10 minutes jusqu'à ce qu'ils soient légèrement dorés.

Biscuits au caramel

Donne 30

50 g/2 oz/¼ tasse de beurre ou de margarine, ramolli

50 g/2 oz/¼ tasse de saindoux (raccourci)

225 g/8 oz/1 tasse de cassonade douce

1 oeuf, légèrement battu

175 g/6 oz/1½ tasse de farine ordinaire (tout usage)

1,5 ml/¼ cuillère à café de bicarbonate de soude (bicarbonate de soude)

1,5 ml/¼ cuillère à café de tartre

Une pincée de muscade râpée

10 ml / 2 cuillères à café d'eau

2,5 ml/½ cuillère à café d'essence de vanille (extrait)

Battre le beurre ou la margarine, le saindoux et le sucre jusqu'à consistance légère et mousseuse. Battre l'œuf petit à petit. Mélangez la farine, le bicarbonate de soude, le tartre et la noix de muscade, puis ajoutez l'eau et l'essence de vanille et mélangez en une pâte molle. Rouler en forme de saucisse, envelopper de film alimentaire (pellicule plastique) et réfrigérer pendant au moins 30 minutes, de préférence plus longtemps.

Coupez la pâte en tranches de 1 cm/½ et placez-les sur une plaque à pâtisserie graissée. Cuire les biscuits (biscuits) dans un four préchauffé à 180°C/thermostat 4 pendant 10 minutes jusqu'à ce qu'ils soient dorés.

Biscuits aux carottes et aux noix

Donne 48

175 g/6 oz/¾ tasse de beurre ou de margarine, ramolli

100 g/4 oz/½ tasse de cassonade douce

50 g/2 oz/¼ tasse de sucre cristallisé

1 oeuf, légèrement battu

225 g/8 oz/2 tasses de farine ordinaire (tout usage)

5 ml/1 cuillère à café de levure chimique

2,5 ml/½ cuillère à café de sel

100g/4oz/½ tasse de purée de carottes cuites

100 g/4 oz/1 tasse de noix, hachées

Battre le beurre ou la margarine et les sucres jusqu'à consistance légère et mousseuse. Incorporer l'œuf petit à petit et incorporer la farine, la levure chimique et le sel. Incorporer les carottes et les noix écrasées. Déposez de petites cuillerées sur une plaque graissée et faites cuire dans un four préchauffé à 200°C/400°F/thermostat 6 pendant 10 minutes.

Biscuits aux carottes et aux noix glacés à l'orange

Donne 48

Pour les cookies (biscuits):

175 g/6 oz/¾ tasse de beurre ou de margarine, ramolli

100 g/4 oz/½ tasse de sucre cristallisé

50 g/2 oz/¼ tasse de cassonade douce

1 oeuf, légèrement battu

225 g/8 oz/2 tasses de farine ordinaire (tout usage)

5 ml/1 cuillère à café de levure chimique

2,5 ml/½ cuillère à café de sel

5 ml/1 cuillère à café d'essence de vanille (extrait)

100 g / 4 oz / ½ tasse de purée de carottes cuites

100 g/4 oz/1 tasse de noix, hachées

Pour le glaçage (glaçage):

175 g/6 oz/1 tasse de sucre en poudre (de confiserie), tamisé

10 ml/2 cuillères à café de zeste d'orange râpé

30 ml/2 cuillères à soupe de jus d'orange

Pour les biscuits, fouetter le beurre ou la margarine et les sucres jusqu'à consistance légère et mousseuse. Incorporer l'œuf petit à petit et incorporer la farine, la levure chimique et le sel. Incorporer la crème anglaise, la purée de carottes et les noix. Déposez de petites cuillerées sur une plaque graissée et faites cuire dans un four préchauffé à 200°C/400°F/thermostat 6 pendant 10 minutes.

Pour faire le glaçage, mettre le sucre en poudre dans un bol, incorporer le zeste d'orange et faire un puits au milieu. Faites bouillir le jus d'orange petit à petit jusqu'à obtenir un glaçage lisse mais assez épais. Répartir sur les biscuits pendant qu'ils sont encore chauds, laisser refroidir et prendre.

Biscuits aux cerises

Donne 48

100 g/4 oz/½ tasse de beurre ou de margarine, ramolli

100 g/4 oz/½ tasse de sucre cristallisé

1 oeuf, battu

5 ml/1 cuillère à café d'essence de vanille (extrait)

225 g/8 oz/2 tasses de farine ordinaire (tout usage)

50 g/2 oz/¼ tasse de cerises glacées (confites), hachées

Battre le beurre ou la margarine et le sucre jusqu'à consistance légère et mousseuse. Incorporer progressivement l'œuf et l'essence de vanille, puis incorporer la farine et les cerises et pétrir en une pâte lisse. Rouler en boule, envelopper dans un film plastique et réfrigérer pendant 1 heure.

Étaler la pâte à 5 mm/¼ d'épaisseur et découper des rondelles à l'emporte-pièce. Placer sur une plaque à pâtisserie graissée et cuire dans un four préchauffé à 200°C/400°F/thermostat 6 pendant 10 minutes jusqu'à ce qu'ils soient dorés. Laisser refroidir sur la plaque pendant 5 minutes avant de transférer sur une grille pour terminer le refroidissement.

Anneaux cerise et amande

Donne 24

100 g/4 oz/½ tasse de beurre ou de margarine, ramolli

100 g/4 oz/½ tasse de sucre granulé (super fin) plus un supplément pour arroser

1 œuf, séparé

225 g/8 oz/2 tasses de farine ordinaire (tout usage)

5 ml/1 cuillère à café de levure chimique

5 ml/1 cuillère à café de zeste de citron râpé

60 ml/4 cuillères à soupe de cerises confites

50 g/2 oz/½ tasse d'amandes effilées (hachées)

Battre le beurre ou la margarine et le sucre jusqu'à consistance légère et mousseuse. Incorporer progressivement le jaune d'œuf, puis incorporer la farine, la levure chimique, le zeste de citron et les cerises. Terminez à la main jusqu'à ce que le mélange se rassemble. Étalez en un disque de 5 mm/¼ d'épaisseur et utilisez un emporte-pièce pour couper des ronds de 6 cm/2¼, puis découpez les centres avec un emporte-pièce de 2 cm/¾. Disposez les biscuits bien espacés sur une plaque graissée et piquez-les avec une fourchette. Cuire au four préchauffé à 180°C/350°F/thermostat 4 pendant 10 minutes. Badigeonner de blanc d'œuf et saupoudrer d'amandes et de sucre, puis remettre au four encore 5 minutes jusqu'à ce qu'il soit légèrement doré.

Biscuits au beurre de chocolat

Donne 24

100 g/4 oz/½ tasse de beurre ou de margarine

50 g/2 oz/¼ tasse de sucre cristallisé

100 g/4 oz/1 tasse de farine auto-levante (auto-levante)

30 ml/2 cuillères à soupe de cacao en poudre (chocolat non sucré).

Battre le beurre ou la margarine et le sucre jusqu'à consistance légère et mousseuse. Mélanger la farine et le cacao en un mélange ferme. Façonner de grosses boules de la taille d'une noix et les placer bien écartées sur une plaque à pâtisserie graissée, puis les aplatir légèrement à la fourchette. Cuire les biscuits (biscuits) dans un four préchauffé à 180°C pendant 15 minutes jusqu'à ce qu'ils soient dorés.

Rouleaux au chocolat et aux cerises

Donne 24

100 g/4 oz/½ tasse de beurre ou de margarine, ramolli

100 g/4 oz/½ tasse de sucre cristallisé

1 oeuf

2,5 ml/½ cuillère à café d'essence de vanille (extrait)

225 g/8 oz/2 tasses de farine ordinaire (tout usage)

5 ml/1 cuillère à café de levure chimique

Une pincée de sel

25 g/1 oz/¼ tasse de poudre de cacao (chocolat non sucré).

25 g/1 oz/2 cuillères à soupe de cerises glacées (confites), hachées

Battre le beurre et le sucre jusqu'à consistance légère et mousseuse. Incorporer progressivement l'œuf et l'essence de vanille, puis mélanger la farine, la levure chimique et le sel en une pâte ferme. Diviser la pâte en deux et mélanger le cacao dans une moitié et les cerises dans l'autre. Envelopper dans du papier d'aluminium (pellicule plastique) et réfrigérer pendant 30 minutes.

Étalez chaque pâton en un rectangle d'environ 3 mm/1/8 d'épaisseur, placez-les l'un sur l'autre et appuyez légèrement avec le rouleau à pâtisserie. Rouler du côté le plus long et presser légèrement ensemble. Couper en tranches de 1 cm/½ d'épaisseur et les déposer bien à part sur une plaque à pâtisserie graissée. Cuire dans un four préchauffé à 200°C/400°F/thermostat 6 pendant 10 minutes.

Gâteaux avec des pépites de chocolat

Donne 24

75 g/3 oz/1/3 tasse de beurre ou de margarine

175 g/6 oz/1½ tasse de farine ordinaire (tout usage)

5 ml/1 cuillère à café de levure chimique

une pincée de bicarbonate de soude (bicarbonate de soude)

50 g/2 oz/¼ tasse de cassonade douce

45 ml/3 cuillères à soupe de sirop doré (maïs clair)

100 g/4 oz/1 tasse de pépites de chocolat

Frotter le beurre ou la margarine dans la farine, la poudre à pâte et le bicarbonate de soude jusqu'à ce que le mélange ressemble à de la chapelure. Incorporer le sucre, le sirop et les copeaux de chocolat et mélanger en une pâte lisse. Façonner en petites boules et déposer sur une plaque à pâtisserie graissée, appuyer légèrement pour aplatir. Cuire les biscuits (biscuits) dans un four préchauffé à 190°C/thermostat 5 pendant 15 minutes jusqu'à ce qu'ils soient dorés.

Biscuits au chocolat et à la banane

Donne 24

75 g/3 oz/1/3 tasse de beurre ou de margarine

175 g/6 oz/1½ tasse de farine ordinaire (tout usage)

5 ml/1 cuillère à café de levure chimique

2,5 ml/½ cuillère à café de bicarbonate de soude (bicarbonate de soude)

50 g/2 oz/¼ tasse de cassonade douce

45 ml/3 cuillères à soupe de sirop doré (maïs clair)

50 g/2 oz/½ tasse de pépites de chocolat

50 g/2 oz/½ tasse de chips de bananes séchées, hachées grossièrement

Frotter le beurre ou la margarine dans la farine, la poudre à pâte et le bicarbonate de soude jusqu'à ce que le mélange ressemble à de la chapelure. Incorporer le sucre, le sirop et les pépites de chocolat et de banane et mélanger en une pâte lisse. Façonner en petites boules et déposer sur une plaque à pâtisserie graissée, appuyer légèrement pour aplatir. Cuire les biscuits (biscuits) dans un four préchauffé à 190°C/thermostat 5 pendant 15 minutes jusqu'à ce qu'ils soient dorés.

Bouchées de chocolat et de noix

Donne 24

50 g/2 oz/¼ tasse de beurre ou de margarine, ramolli

175 g/6 oz/¾ tasse de sucre cristallisé

1 oeuf

5 ml/1 cuillère à café d'essence de vanille (extrait)

25 g/1 oz/¼ tasse de chocolat nature (mi-sucré), fondu

100 g/4 oz/1 tasse de farine ordinaire (tout usage)

5 ml/1 cuillère à café de levure chimique

Une pincée de sel

30 ml/2 cuillères à soupe de lait

25 g/1 oz/¼ tasse de noix hachées

Sucre en poudre (confiserie), tamisé, pour saupoudrer

Battre le beurre ou la margarine et le sucre en poudre jusqu'à consistance légère et mousseuse. Incorporer progressivement l'œuf et l'essence de vanille, puis incorporer le chocolat. Mélanger la farine, la levure chimique et le sel et incorporer au mélange en alternant avec le lait. Incorporer les noix, couvrir et réfrigérer pendant 3 heures.

Rouler le mélange en boules de 3 cm/1½ et rouler dans le sucre en poudre. Placer sur une plaque à pâtisserie légèrement graissée et cuire dans un four préchauffé à 180°C pendant 15 minutes jusqu'à ce qu'ils soient légèrement dorés. Servir saupoudré de sucre en poudre.

Barres de chocolat américaines

Donne 20

225 g/8 oz/1 tasse de saindoux (raccourci)

225 g/8 oz/1 tasse de cassonade douce

100 g/4 oz/½ tasse de sucre cristallisé

5 ml/1 cuillère à café d'essence de vanille (extrait)

2 oeufs, légèrement battus

175 g/6 oz/1½ tasse de farine ordinaire (tout usage)

5 ml/1 cuillère à café de sel

5 ml/1 cuillère à café de bicarbonate de soude (bicarbonate de soude)

225 g/8 oz/2 tasses d'avoine

350 g/12 oz/3 tasses de pépites de chocolat

Battre le saindoux, les sucres et la crème anglaise jusqu'à ce qu'ils soient légers et mousseux. Incorporer les oeufs petit à petit. Incorporer la farine, le sel, le bicarbonate de soude et l'avoine, puis incorporer les pépites de chocolat. Placer des cuillerées du mélange sur des plaques à pâtisserie graissées et cuire dans un four préchauffé à 180°C/350°F/thermostat 4 pendant environ 10 minutes jusqu'à ce qu'ils soient dorés.

Crèmes au chocolat

Donne 24

175 g/6 oz/¾ tasse de beurre ou de margarine, ramolli

175 g/6 oz/¾ tasse de sucre cristallisé

225 g/8 oz/2 tasses de farine auto-levante (auto-levante)

75 g/3 oz/¾ tasse de noix de coco déshydratée (râpée)

100 g/4 oz/4 tasses de cornflakes écrasés

25 g/1 oz/¼ tasse de poudre de cacao (chocolat non sucré).

60 ml/4 cuillères à soupe d'eau bouillante

100 g/4 oz/1 tasse de chocolat nature (mi-sucré)

Battre le beurre ou la margarine et le sucre ensemble et incorporer la farine, la noix de coco et les cornflakes. Incorporer le cacao dans l'eau bouillante, puis incorporer au mélange. Rouler en boules de 2,5 cm/1, Placer sur une plaque à pâtisserie graissée et presser légèrement à plat avec une fourchette. Cuire au four préchauffé à 180°C/350°F/thermostat 4 pendant 15 minutes jusqu'à ce qu'ils soient dorés.

Faire fondre le chocolat dans un bol résistant à la chaleur sur de l'eau frémissant doucement. Étalez la moitié des craquelins (biscuits) sur le dessus et pressez l'autre moitié dessus. Laissez refroidir.

Biscuits au chocolat et aux noisettes

Donne 16

200 g/7 oz/ à peine 1 tasse de beurre ou de margarine, ramolli

50 g/2 oz/¼ tasse de sucre cristallisé

100 g/4 oz/½ tasse de cassonade douce

10 ml/2 càc d'essence de vanille (extrait)

1 oeuf, battu

275 g/10 oz/2½ tasses de farine ordinaire (tout usage)

50 g/2 oz/½ tasse de poudre de cacao (chocolat non sucré).

5 ml/1 cuillère à café de levure chimique

75 g/3 oz/¾ tasse de noisettes

225 g/8 oz/2 tasses de chocolat blanc, haché

Battre le beurre ou la margarine, le sucre et l'essence de vanille jusqu'à consistance légère et mousseuse et battre l'œuf. Incorporer la farine, le cacao et la levure chimique. Incorporer les noix et le chocolat jusqu'à ce que le mélange soit combiné. Façonner 16 boules et étaler uniformément sur une plaque à pâtisserie graissée et tapissée, puis aplatir légèrement avec le dos d'une cuillère. Cuire au four préchauffé à 160°C/325°F/thermostat 3 pendant environ 15 minutes, jusqu'à ce qu'ils soient juste pris mais encore légèrement mous.

Biscuits au chocolat et à la muscade

Donne 24

50 g/2 oz/¼ tasse de beurre ou de margarine, ramolli

100 g/4 oz/½ tasse de sucre cristallisé

15 ml/1 cuillère à soupe de cacao en poudre (chocolat non sucré).

1 jaune d'oeuf

2,5 ml/½ cuillère à café d'essence de vanille (extrait)

150 g/5 oz/1¼ tasse de farine ordinaire (tout usage)

5 ml/1 cuillère à café de levure chimique

Une pincée de muscade râpée

60 ml/4 cuillères à soupe de crème sure

Battre le beurre ou la margarine et le sucre jusqu'à consistance légère et mousseuse. Incorporer le cacao. Battre le jaune d'œuf et l'essence de vanille et incorporer la farine, la levure chimique et la noix de muscade. Incorporer la crème jusqu'à consistance lisse. Couvrir et réfrigérer.

Étalez la pâte à 5 mm/¼ d'épaisseur et coupez-la avec un emporte-pièce de 5 cm/2. Placer le(s) biscuit(s) sur une plaque à pâtisserie non graissée et cuire au four préchauffé à 200°C/400°F/thermostat 6 pendant 10 minutes jusqu'à ce qu'ils soient dorés.

Biscuits enrobés de chocolat

Donne 16

175 g/6 oz/¾ tasse de beurre ou de margarine, ramolli

75 g/3 oz/1/3 tasse de sucre cristallisé

175 g/6 oz/1½ tasse de farine ordinaire (tout usage)

50 g/2 oz/½ tasse de riz moulu

75 g/3 oz/¾ tasse de pépites de chocolat

100 g/4 oz/1 tasse de chocolat nature (mi-sucré)

Battre le beurre ou la margarine et le sucre jusqu'à consistance légère et mousseuse. Incorporer la farine et le riz moulu et pétrir les morceaux de chocolat. Presser dans un moule à rouleau suisse graissé (moule à gâteau roulé) et piquer avec une fourchette. Cuire dans un four préchauffé à 160°C/325°F/thermostat 3 pendant 30 minutes jusqu'à ce qu'ils soient dorés. Marquez sur les doigts pendant qu'ils sont encore chauds et laissez refroidir complètement.

Faire fondre le chocolat dans un bol résistant à la chaleur sur de l'eau frémissant doucement. Répartir sur le(s) biscuit(s) et laisser refroidir et prendre avant de couper avec les doigts. conserver dans une caisse hermétiquement fermée.

Biscuits sandwich au café et au chocolat

Donne 40

Pour les cookies (biscuits):

175 g/6 oz/¾ tasse de beurre ou de margarine

25 g/1 oz/2 cuillères à soupe de silava (raccourci)

450 g/1 lb/4 tasses de farine ordinaire (tout usage)

Une pincée de sel

100 g/4 oz/½ tasse de cassonade douce

5 ml/1 cuillère à café de bicarbonate de soude (bicarbonate de soude)

60 ml/4 cuillères à soupe de café noir fort

5 ml/1 cuillère à café d'essence de vanille (extrait)

100 g/4 oz/1/3 tasse de sirop doré (maïs léger)

Pour remplissage:

10 ml/2 cuillères à café de poudre de café instantané

10 ml/2 cuillères à café d'eau bouillante

50 g/2 oz/¼ tasse de sucre cristallisé

25 g/1 oz/2 cuillères à soupe de beurre ou de margarine

15 ml/1 cuillère à soupe de lait

Pour les biscuits, frotter le beurre ou la margarine et le saindoux dans la farine et le sel jusqu'à ce que le mélange ressemble à de la chapelure, puis incorporer la cassonade. Mélanger le bicarbonate de sodium avec une petite quantité de café, mélanger le reste du café, l'essence de vanille et le sirop dans le mélange et mélanger en une pâte lisse. Placer dans un bol légèrement huilé, couvrir d'un film alimentaire (pellicule plastique) et laisser reposer une nuit.

Étalez la pâte sur une surface légèrement farinée sur environ 1 cm/½ d'épaisseur et coupez-la en 2 carrés de 7,5 cm/¾ x 3. Piquez chacun avec une fourchette pour créer un motif de rainure. Transférer sur une plaque à pâtisserie graissée et cuire dans un four préchauffé à 200°C/400°F/thermostat 6 pendant 10 minutes jusqu'à ce qu'ils soient dorés. Refroidir sur une grille.

Pour la garniture, dissoudre la poudre de café dans de l'eau bouillante dans une petite casserole, mélanger le reste des ingrédients et faire bouillir. Cuire pendant 2 minutes, puis retirer du feu et fouetter jusqu'à épaississement et refroidissement. Sandwich paires de biscuits avec garniture.

biscuits de Noël

Donne 24

100 g/4 oz/½ tasse de beurre ou de margarine, ramolli

100 g/4 oz/½ tasse de sucre cristallisé

225 g/8 oz/2 tasses de farine ordinaire (tout usage)

Une pincée de sel

5 ml/1 cuillère à café de cannelle moulue

1 jaune d'oeuf

10 ml/2 cuillères à café d'eau froide

Quelques gouttes d'essence de vanille (extrait)

Pour le glaçage (glaçage):
225 g/8 oz/11/3 tasses de sucre en poudre (de confiseur), tamisé

30 ml/2 cuillères à soupe d'eau

colorant alimentaire (facultatif)

Battre le beurre et le sucre jusqu'à consistance légère et mousseuse. Incorporer la farine, le sel et la cannelle, puis incorporer le jaune d'œuf, l'eau et l'essence de vanille et mélanger en une pâte ferme. Envelopper dans une pellicule plastique et réfrigérer pendant 30 minutes.

Étalez la pâte à 5 mm/¼ d'épaisseur et découpez des motifs de Noël avec des emporte-pièces ou un couteau bien aiguisé. Percez un trou dans le haut de chaque biscuit si vous voulez les accrocher à un arbre. Placer les formes sur une plaque à pâtisserie graissée et cuire dans un four préchauffé à 200°C/400°F/thermostat 6 pendant 10 minutes jusqu'à ce qu'elles soient dorées. Laissez refroidir.

Incorporer progressivement l'eau au sucre en poudre jusqu'à ce que le glaçage soit assez épais. Teignez de petites quantités avec des couleurs différentes si vous le souhaitez. Enfilez les motifs sur les biscuits et laissez-les durcir. Enfilez une boucle de ruban ou de fil à travers le trou pour accrocher.

Biscuits à la noix de coco

Donne 32

50 g/2 oz/3 cuillères à soupe de sirop doré (maïs léger)

150 g/5 oz/2/3 tasse de beurre ou de margarine

100 g/4 oz/½ tasse de sucre cristallisé

100 g/4 oz/1 tasse de farine ordinaire (tout usage)

75 g/3 oz/¾ tasse d'avoine

50 g/2 oz/½ tasse de noix de coco déshydratée (râpée)

10 ml/2 cuillères à café de bicarbonate de soude (bicarbonate de soude)

15 ml/1 cuillère à soupe d'eau chaude

Faire fondre le sirop, le beurre ou la margarine et le sucre ensemble. Incorporer la farine, les flocons d'avoine et la noix de coco râpée. Mélanger le bicarbonate de soude avec l'eau chaude puis incorporer le reste des ingrédients. Laissez le mélange refroidir légèrement, puis divisez-le en 32 portions et roulez chacune en boule. Aplatir les biscuits (biscuits) et les déposer sur des plaques à pâtisserie graissées. Cuire au four préchauffé à 160°C/325°F/thermostat 3 pendant 20 minutes jusqu'à ce qu'ils soient dorés.

Biscuits de maïs à la crème de fruits

Donne 12

150 g/5 oz/1¼ tasse de farine de blé entier

150 g/5 oz/1¼ tasse de semoule de maïs

10 ml / 2 cuillères à café de levure chimique

Une pincée de sel

225 g/8 oz/1 tasse de yogourt nature

75 g/3 oz/¼ tasse de miel clair

2 oeufs

45 ml/3 cuillères à soupe d'huile

Pour la crème de fruits :

150 g/5 oz/2/3 tasse de beurre ou de margarine, ramolli

Jus de 1 citron

Quelques gouttes d'essence de vanille (extrait)

30 ml/2 cuillères à soupe de sucre fin

225 g/8 onces de fraises

Mélanger la farine, la semoule de maïs, la levure chimique et le sel. Incorporer le yaourt, le miel, les œufs et l'huile et mélanger en une pâte lisse. Étaler sur une surface légèrement farinée à environ 1 cm/½ d'épaisseur et couper en gros ronds. Placer sur une plaque à pâtisserie graissée et cuire dans un four préchauffé à 200°C/400°F/thermostat 6 pendant 15 minutes jusqu'à ce qu'ils soient dorés.

Pour faire la crème de fruits, mélanger le beurre ou la margarine, le jus de citron, le sucre vanillé et le sucre. Réserver quelques fraises pour la décoration, réduire en purée le reste et passer au tamis si vous préférez la crème sans pépins (noyaux). Incorporer le mélange de beurre et laisser refroidir. Déposer ou badigeonner une rosace de crème sur chaque biscuit avant de servir.

Biscuits de Cornouailles

Donne 20

225 g/8 oz/2 tasses de farine auto-levante (auto-levante)

Une pincée de sel

100 g/4 oz/½ tasse de beurre ou de margarine

175 g/6 oz/2/3 tasse de sucre cristallisé

1 oeuf

Sucre en poudre (confiserie), tamisé, pour saupoudrer

Mélanger la farine et le sel dans un bol et incorporer le beurre ou la margarine jusqu'à ce que le mélange ressemble à de la chapelure. Mélanger le sucre. Incorporer l'œuf et pétrir en une pâte molle. Étaler finement sur une surface farinée puis couper en rondelles.

Placer sur une plaque à pâtisserie graissée et cuire au four préchauffé à 200°C/400°F/thermostat 6 pendant environ 10 minutes jusqu'à ce qu'ils soient dorés.

Biscuits aux grains entiers et aux raisins secs

Donne 36

100 g/4 oz/½ tasse de beurre ou de margarine, ramolli

50g/2oz/¼ tasse de sucre demerara

2 œufs, séparés

100 g/4 oz/2/3 tasse de raisins secs

225 g/8 oz/2 tasses de farine de blé entier

100 g/4 oz/1 tasse de farine ordinaire (tout usage)

5 ml/1 c. à thé d'épices moulues (tarte aux pommes)

150 ml/¼ pt/2/3 tasses de lait, plus brossage supplémentaire

Battre le beurre ou la margarine et le sucre jusqu'à consistance légère et mousseuse. Battre les jaunes d'œufs et incorporer les raisins de Corinthe. Mélanger la farine et le mélange d'épices et incorporer au mélange avec le lait. Battre les blancs d'oeufs jusqu'à ce qu'ils soient tendres puis les incorporer au mélange pour former une pâte molle. Étalez la pâte sur un plan de travail légèrement fariné puis découpez-la avec un emporte-pièce de 5 cm/2. Placer sur une plaque à pâtisserie graissée et badigeonner de lait. Cuire au four préchauffé à 180°C/350°F/thermostat 4 pendant 20 minutes jusqu'à ce qu'ils soient dorés.

Biscuits sandwich aux dattes

Donne 30

225 g/8 oz/1 tasse de beurre ou de margarine, ramolli

450 g/1 lb/2 tasses de cassonade douce

225 g/8 oz/2 tasses de flocons d'avoine

225 g/8 oz/2 tasses de farine ordinaire (tout usage)

2,5 ml/½ cuillère à café de bicarbonate de soude (bicarbonate de soude)

Une pincée de sel

120 ml/4 oz/½ tasse de lait

225 g/8 oz/2 tasses de dattes dénoyautées (dénoyautées), hachées très finement

250 ml / 8 onces liquides / 1 tasse d'eau

Battre le beurre ou la margarine et la moitié du sucre jusqu'à consistance légère et mousseuse. Mélanger les ingrédients secs ensemble et ajouter à la crème fouettée en alternant avec le lait jusqu'à obtenir une pâte ferme. Étaler sur une surface légèrement farinée et couper en rondelles à l'aide d'un emporte-pièce. Placer sur une plaque à pâtisserie graissée et cuire au four préchauffé à 180°C/350°F/thermostat 4 pendant 10 minutes jusqu'à ce qu'ils soient dorés.

Mettez tous les ingrédients restants dans une casserole et portez à ébullition. Réduire le feu et laisser mijoter 20 minutes jusqu'à épaississement, en remuant de temps en temps. Laissez refroidir. Étaler les biscuits avec la garniture.

Craquelins Digestifs (Graham Crackers)

Donne 24

175 g/6 oz/1½ tasse de farine de blé entier

50 g/2 oz/½ tasse de farine ordinaire (tout usage)

50 g/2 oz/½ tasse de gruau moyen

2,5 ml/½ cuillère à café de sel

5 ml/1 cuillère à café de levure chimique

100 g/4 oz/½ tasse de beurre ou de margarine

30 ml/2 cuillères à soupe de cassonade

60 ml/4 cuillères à soupe de lait

Mélanger la farine, les flocons d'avoine, le sel et la levure chimique, incorporer le beurre ou la margarine et incorporer le sucre. Ajouter le lait petit à petit et mélanger en une pâte molle. Bien pétrir jusqu'à ce qu'il ne soit plus collant. Étaler à 5 mm/¼ d'épaisseur et découper en 5 cm/2 ronds à l'aide d'un emporte-pièce. Placer sur une plaque à pâtisserie graissée et cuire dans un four préchauffé à 180°C/350°F/thermostat 4 pendant environ 15 minutes.

Biscuits de Pâques

Donne 20

75 g/3 oz/1/3 tasse de beurre ou de margarine, ramolli

100 g/4 oz/½ tasse de sucre cristallisé

1 jaune d'oeuf

150 g/6 oz/1½ tasse de farine auto-levante (auto-levante)

5 ml/1 c. à thé d'épices moulues (tarte aux pommes)

15 ml/1 cuillère à soupe d'écorces mixtes hachées (confites)

50 g/2 oz/1/3 tasse de raisins secs

15 ml/1 cuillère à soupe de lait

Sucre glace (super fin) pour saupoudrer

Battre le beurre ou la margarine et le sucre jusqu'à consistance mousseuse. Battre le jaune d'oeuf et incorporer la farine et les épices. Incorporer le zeste et les raisins de Corinthe et suffisamment de lait pour former une pâte ferme. Étaler à environ 5 mm/¼ d'épaisseur et découper en 5 cm/2 ronds à l'aide d'un emporte-pièce. Placer les biscuits sur une plaque à pâtisserie graissée et piquer avec une fourchette. Cuire au four préchauffé à 180°C/350°F/thermostat 4 pendant environ 20 minutes jusqu'à ce qu'ils soient dorés. Saupoudrer de sucre dessus.

Florentins

Donne 40

100 g/4 oz/½ tasse de beurre ou de margarine

100 g/4 oz/½ tasse de sucre cristallisé

15 ml/1 cuillère à soupe de crème épaisse

100 g/4 oz/1 tasse de noix hachées

75 g/3 oz/½ tasse de raisins secs (raisins dorés)

50 g/2 oz/¼ tasse de cerises glacées (confites)

Faire fondre le beurre ou la margarine, le sucre et la crème dans une casserole à feu doux. Retirer du feu et incorporer les noix, les raisins secs et les cerises en verre. Déposer des cuillerées à thé séparément sur des plaques à pâtisserie tapissées de papier de riz. Cuire dans un four préchauffé à 180°C/thermostat 4 pendant 10 minutes. Laisser refroidir sur les feuilles pendant 5 minutes, puis transférer sur une grille pour refroidir complètement et couper l'excédent de papier de riz.

Chocolat florentin

Donne 40

100 g/4 oz/½ tasse de beurre ou de margarine

100 g/4 oz/½ tasse de sucre cristallisé

15 ml/1 cuillère à soupe de crème épaisse

100 g/4 oz/1 tasse de noix hachées

75 g/3 oz/½ tasse de raisins secs (raisins dorés)

50 g/2 oz/¼ tasse de cerises glacées (confites)

100 g/4 oz/1 tasse de chocolat nature (mi-sucré)

Faire fondre le beurre ou la margarine, le sucre et la crème dans une casserole à feu doux. Retirer du feu et incorporer les noix, les raisins secs et les cerises en verre. Déposer des cuillerées à thé séparément sur des plaques à pâtisserie tapissées de papier de riz. Cuire dans un four préchauffé à 180°C/thermostat 4 pendant 10 minutes. Laisser refroidir sur les feuilles pendant 5 minutes, puis transférer sur une grille pour refroidir complètement et couper l'excédent de papier de riz.

Faire fondre le chocolat dans un bol résistant à la chaleur posé sur de l'eau frémissante. Répartir sur le(s) cookie(s) et laisser refroidir et prendre.

Chocolat florentin de luxe

Donne 40

100 g/4 oz/½ tasse de beurre ou de margarine

100 g/4 oz/½ tasse de cassonade douce

15 ml/1 cuillère à soupe de crème épaisse

50 g/2 oz/¼ tasse d'amandes, hachées

50 g de noisettes concassées

75 g/3 oz/½ tasse de raisins secs (raisins dorés)

50 g/2 oz/¼ tasse de cerises glacées (confites)

100 g/4 oz/1 tasse de chocolat nature (mi-sucré)

50 g/2 oz/½ tasse de chocolat blanc

Faire fondre le beurre ou la margarine, le sucre et la crème dans une casserole à feu doux. Retirer du feu et incorporer les noix, les raisins secs et les cerises en verre. Déposer des cuillerées à thé séparément sur des plaques à pâtisserie tapissées de papier de riz. Cuire dans un four préchauffé à 180°C/thermostat 4 pendant 10 minutes. Laisser refroidir sur les feuilles pendant 5 minutes, puis transférer sur une grille pour refroidir complètement et couper l'excédent de papier de riz.

Faire fondre le chocolat noir dans un bol résistant à la chaleur posé sur de l'eau frémissante. Répartir sur le(s) cookie(s) et laisser refroidir et prendre. Faites fondre le chocolat blanc dans un bol propre de la même manière, puis versez des filets de chocolat blanc sur les biscuits au hasard.

Biscuits au fudge et aux noix

Donne 30

75 g/3 oz/1/3 tasse de beurre ou de margarine, ramolli

200 g/7 oz/ à peine 1 tasse de sucre cristallisé

1 oeuf, légèrement battu

100 g/4 oz/½ tasse de fromage cottage

5 ml/1 cuillère à café d'essence de vanille (extrait)

150 g/5 oz/1¼ tasse de farine ordinaire (tout usage)

25 g/1 oz/¼ tasse de poudre de cacao (chocolat non sucré).

2,5 ml/½ cuillère à café de levure chimique

1,5 ml/¼ cuillère à café de bicarbonate de soude (bicarbonate de soude)

Une pincée de sel

25 g/1 oz/¼ tasse de noix hachées

25 g/1 oz/2 cuillères à soupe de sucre cristallisé

Battre le beurre ou la margarine et le sucre en poudre jusqu'à consistance légère et mousseuse. Incorporer progressivement l'œuf et le fromage blanc. Incorporer les autres ingrédients à l'exception du sucre cristallisé et mélanger en une pâte molle. Envelopper dans du papier d'aluminium (pellicule plastique) et réfrigérer pendant 1 heure.

Roulez la pâte en boules de la taille d'une noix et roulez-les dans du sucre cristallisé. Placer le(s) biscuit(s) sur une plaque graissée et cuire au four préchauffé à 180°C/350°F/thermostat 4 pendant 10 minutes.

Sucettes glacées allemandes

Donne 12

50 g/2 oz/¼ tasse de beurre ou de margarine

100 g/4 oz/1 tasse de farine ordinaire (tout usage)

25 g/1 oz/2 cuillères à soupe de sucre cristallisé

60 ml/4 cuillères à soupe de confiture de mûres (conservation)

100 g/4 oz/2/3 tasse (confiserie) de sucre en poudre, tamisé

15 ml/1 cuillère à soupe de jus de citron

Frotter le beurre dans la farine jusqu'à ce que le mélange ressemble à de la chapelure. Incorporer le sucre et presser en pâte. Étalez-la en une feuille de 5 mm/¼ d'épaisseur et coupez-la en rondelles à l'aide d'un emporte-pièce. Placer sur une plaque à pâtisserie graissée et cuire au four préchauffé à 180°C/350°F/thermostat 6 pendant 10 minutes jusqu'à refroidissement. Laissez refroidir.

Sandwich paires de biscuits avec de la confiture. Mettez le sucre en poudre dans un bol et faites un puits au milieu. Incorporer progressivement le jus de citron pour faire un glaçage. Verser sur les biscuits et laisser prendre.

Biscuit au gingembre

Donne 24

300 g/10 oz/1¼ tasse de beurre ou de margarine, ramolli

225 g/8 oz/1 tasse de cassonade douce

75 g/3 oz/¼ tasse de sirop noir (mélasse)

1 oeuf

250 g/9 oz/2¼ tasses de farine ordinaire (tout usage)

10 ml/2 cuillères à café de bicarbonate de soude (bicarbonate de soude)

2,5 ml/½ cuillère à café de sel

5 ml/1 cuillère à café de gingembre moulu

5 ml/1 cuillère à café de clous de girofle moulus

5 ml/1 cuillère à café de cannelle moulue

50 g/2 oz/¼ tasse de sucre cristallisé

Battre le beurre ou la margarine, la cassonade, le sirop et l'œuf ensemble jusqu'à consistance mousseuse. Mélanger la farine, le soda, le sel et les épices. Incorporer le mélange de beurre et mélanger en une pâte ferme. Couvrir et réfrigérer pendant 1 heure.

Façonnez la pâte en petites boules et roulez-les dans du sucre semoule. Bien espacés sur une plaque à pâtisserie graissée et saupoudrer un peu d'eau sur le dessus. Cuire au four préchauffé à 190°C pendant 12 minutes jusqu'à ce qu'ils soient dorés et croustillants.

Cookies au gingembre

Donne 24

100 g/4 oz/½ tasse de beurre ou de margarine

225 g/8 oz/2 tasses de farine auto-levante (auto-levante)

5 ml/1 cuillère à café de bicarbonate de soude (bicarbonate de soude)

5 ml/1 cuillère à café de gingembre moulu

100 g/4 oz/½ tasse de sucre cristallisé

45 ml/3 cuillères à soupe de sirop doré (maïs léger), réchauffé

Frottez le beurre ou la margarine dans la farine, le bicarbonate de soude et le gingembre. Incorporer le sucre, incorporer le sirop et mélanger en une pâte ferme. Rouler en boules de la taille d'une noix, bien espacées sur une plaque à pâtisserie graissée et presser légèrement à plat avec une fourchette. Cuire les biscuits (biscuits) dans un four préchauffé à 190°C/375°F/thermostat 5 pendant 10 minutes.

Bonhomme en pain d'épices

Donne environ 16

350 g/12 oz/3 tasses de farine auto-levante (auto-levante)

Une pincée de sel

10 ml/2 cuillères à café de gingembre moulu

100 g/4 oz/1/3 tasse de sirop doré (maïs léger)

75 g/3 oz/1/3 tasse de beurre ou de margarine

25 g/1 oz/2 cuillères à soupe de sucre cristallisé

1 oeuf, légèrement battu

Quelques groseilles (facultatif)

Mélanger la farine, le sel et le gingembre ensemble. Faire fondre le sirop, le beurre ou la margarine et le sucre dans une casserole. Laisser refroidir légèrement, incorporer les ingrédients secs avec l'œuf et mélanger en une pâte ferme. Étaler sur un plan légèrement fariné à 5 mm/¼ d'épaisseur et découper à l'emporte-pièce. La quantité à réaliser dépend de la taille des fraises. Placer sur une plaque à pâtisserie légèrement graissée et presser doucement les raisins de Corinthe dans les biscuits (biscuits) pour les yeux et les boutons, si désiré. Cuire au four préchauffé à 180°C/350°F/thermostat 4 pendant 15 minutes jusqu'à ce qu'ils soient dorés et fermes.

Biscuits au pain d'épice de blé entier

Donne 24

200 g/7 oz/1¾ tasses de farine de blé entier

10 ml / 2 cuillères à café de levure chimique

10 ml/2 cuillères à café de gingembre moulu

100 g/4 oz/½ tasse de beurre ou de margarine

50 g/2 oz/¼ tasse de cassonade douce

60 ml/4 cuillères à soupe de miel clair

Mélangez la farine, la levure chimique et le gingembre. Faire fondre le beurre ou la margarine avec le sucre et le miel, puis mélanger aux ingrédients secs et mélanger en une pâte ferme. Étalez sur un plan de travail fariné et découpez des rondelles à l'aide d'un emporte-pièce. Placer sur une plaque à pâtisserie graissée et cuire dans un four préchauffé à 190°C/thermostat 5 pendant 12 minutes jusqu'à ce que la surface soit dorée et croustillante.

Crackers au gingembre et au riz

Donne 12

225 g/8 oz/2 tasses de farine ordinaire (tout usage)

2,5 ml/½ cuillère à thé de macis moulu

10 ml/2 cuillères à café de gingembre moulu

75 g/3 oz/1/3 tasse de beurre ou de margarine

175 g/6 oz/¾ tasse de sucre cristallisé

1 oeuf, battu

5 ml/1 cuillère à café de jus de citron

30 ml/2 cuillères à soupe de riz moulu

Mélanger la farine et les épices ensemble, incorporer le beurre ou la margarine jusqu'à ce que le mélange ressemble à de la chapelure et incorporer le sucre. Mélanger l'œuf et le jus de citron dans une pâte ferme et pétrir doucement jusqu'à consistance lisse. Essuyer le plan de travail avec du riz moulu et étaler la pâte à 1 cm/½ d'épaisseur. Couper avec un emporte-pièce en morceaux de 5 cm/2. Placer sur une plaque à pâtisserie graissée et cuire au four préchauffé à 180°C/350°F/thermostat 4 pendant 20 minutes jusqu'à consistance ferme.

Biscuits dorés

Donne 36

75 g/3 oz/1/3 tasse de beurre ou de margarine, ramolli

200 g/7 oz/ à peine 1 tasse de sucre cristallisé

2 oeufs, légèrement battus

225 g/8 oz/2 tasses de farine ordinaire (tout usage)

10 ml / 2 cuillères à café de levure chimique

5 ml/1 cuillère à café de noix de muscade râpée

Une pincée de sel

Oeuf ou lait pour le glaçage

Sucre glace (super fin) pour saupoudrer

Battre le beurre ou la margarine et le sucre jusqu'à consistance mousseuse. Incorporer progressivement les œufs, puis incorporer la farine, la levure chimique, la noix de muscade et le sel et mélanger en une pâte molle. Couvrir et laisser reposer 30 minutes.

Étalez la pâte sur une surface légèrement farinée sur une épaisseur d'environ 5 mm/¼ et coupez-la en rondelles à l'aide d'un emporte-pièce. Placer sur une plaque à pâtisserie graissée, badigeonner d'œuf ou de lait et saupoudrer de sucre. Cuire dans un four préchauffé à 200°C/400°F/thermostat 6 pendant 8 à 10 minutes jusqu'à ce qu'ils soient dorés.

Biscuits aux noisettes

Donne 24

100 g/4 oz/½ tasse de beurre ou de margarine, ramolli

50 g/2 oz/¼ tasse de sucre cristallisé

100 g/4 oz/1 tasse de farine ordinaire (tout usage)

25 g/1 oz/¼ tasse de noisettes moulues

Battre le beurre ou la margarine et le sucre jusqu'à consistance légère et mousseuse. Incorporer progressivement la farine et les noix jusqu'à ce que la pâte soit ferme. Roulez en petites boules et placez bien à part sur une plaque à pâtisserie graissée. Cuire les biscuits (biscuits) dans un four préchauffé à 180°C/thermostat 4 pendant 20 minutes.

Biscuits croustillants aux noisettes

Donne 40

100 g/4 oz/½ tasse de beurre ou de margarine, ramolli

100 g/4 oz/½ tasse de sucre cristallisé

1 oeuf, battu

5 ml/1 cuillère à café d'essence de vanille (extrait)

175 g/6 oz/1½ tasse de farine ordinaire (tout usage)

50 g/2 oz/½ tasse de noisettes moulues

50 g de noisettes concassées

Battre le beurre ou la margarine et le sucre jusqu'à consistance légère et mousseuse. Incorporer progressivement l'œuf et l'essence de vanille, puis incorporer la farine, la poudre de noisettes et les noisettes et pétrir en une pâte. Rouler en boule, envelopper dans un film plastique et réfrigérer pendant 1 heure.

Étaler la pâte à 5 mm/¼ d'épaisseur et découper des rondelles à l'emporte-pièce. Placer sur une plaque à pâtisserie graissée et cuire dans un four préchauffé à 200°C/400°F/thermostat 6 pendant 10 minutes jusqu'à ce qu'ils soient dorés.

Biscuits aux noisettes et amandes

Donne 24

100 g/4 oz/½ tasse de beurre ou de margarine, ramolli

75 g/3 oz/½ tasse de sucre en poudre (confiserie), tamisé

50 g/2 oz/1/3 tasse de noisettes moulues

50 g/2 oz/1/3 tasse d'amandes moulues

100 g/4 oz/1 tasse de farine ordinaire (tout usage)

5 ml/1 cuillère à café d'essence d'amande (extrait)

Une pincée de sel

Battre le beurre ou la margarine et le sucre jusqu'à consistance légère et mousseuse. Mélanger le reste des ingrédients en une pâte ferme. Rouler en boule, couvrir d'un film alimentaire (pellicule plastique) et réfrigérer pendant 30 minutes.

Étaler la pâte à environ 1 cm/½ d'épaisseur et découper des rondelles à l'aide d'un emporte-pièce. Placer sur une plaque à pâtisserie graissée et cuire au four préchauffé à 180°C/350°F/thermostat 4 pendant 15 minutes jusqu'à ce qu'ils soient dorés.

Cookies au miel

Donne 24

75 g/3 oz/1/3 tasse de beurre ou de margarine

100 g/4 oz/1/3 tasse de miel

225 g/8 oz/2 tasses de farine de blé entier

5 ml/1 cuillère à café de levure chimique

Une pincée de sel

50 g/2 oz/¼ tasse de sucre muscovado

5 ml/1 cuillère à café de cannelle moulue

1 oeuf, légèrement battu

Faire fondre le beurre ou la margarine et le miel jusqu'à ce qu'ils soient combinés. Mélanger le reste des ingrédients. Placer des cuillerées du mélange bien espacées sur une plaque à pâtisserie graissée et cuire dans un four préchauffé à 180°C/350°F/thermostat 4 pendant 15 minutes jusqu'à ce qu'ils soient dorés. Laisser refroidir 5 minutes avant de transférer sur une grille pour terminer le refroidissement.

Miel de ratafias

Donne 24

2 blancs d'œufs

100 g/4 oz/1 tasse d'amandes moulues

Quelques gouttes d'essence d'amande (extrait)

100 g/4 oz/1/3 tasse de miel clair

Papier de riz

Battez les blancs d'œufs jusqu'à ce qu'ils forment des pics fermes. Incorporer délicatement les amandes, l'essence d'amande et le miel. Disposez des cuillerées du mélange bien espacées sur des plaques tapissées de papier de riz et faites cuire dans un four préchauffé à 180°C/350°F/thermostat 4 pendant 15 minutes jusqu'à ce qu'ils soient dorés. Laisser refroidir un peu puis déchirer le papier.

Biscuits au miel et au babeurre

Donne 12

50 g/2 oz/¼ tasse de beurre ou de margarine

225 g/8 oz/2 tasses de farine auto-levante (auto-levante)

175 ml / 6 fl oz / ¾ tasse de babeurre

45 ml/3 cuillères à soupe de miel clair

Frotter le beurre ou la margarine dans la farine jusqu'à ce que le mélange ressemble à de la chapelure. Mélanger le babeurre et le miel et mélanger en une pâte ferme. Placer sur une surface légèrement farinée et pétrir jusqu'à consistance lisse, puis étaler à 2 cm/¾ d'épaisseur et couper en 5 cm/2 ronds avec un emporte-pièce. Placer sur une plaque à pâtisserie graissée et cuire au four préchauffé à 230°C/450°F/thermostat 8 pendant 10 minutes jusqu'à ce qu'ils soient dorés.

Biscuits au beurre citronné

Donne 20

100 g/4 oz/1 tasse de riz moulu

100 g/4 oz/1 tasse de farine ordinaire (tout usage)

75 g/3 oz/1/3 tasse de sucre cristallisé

Une pincée de sel

2,5 ml/½ cuillère à café de levure chimique

100 g/4 oz/½ tasse de beurre ou de margarine

zeste râpé de 1 citron

1 oeuf, battu

Mélanger le riz moulu, la farine, le sucre, le sel et la levure chimique. Pétrir le beurre jusqu'à ce que le mélange ressemble à de la chapelure. Incorporer le zeste de citron et mélanger suffisamment d'œufs pour former une pâte ferme. Pétrir délicatement, puis étaler sur un plan de travail fariné et découper des formes à l'aide d'un emporte-pièce. Placer sur une plaque à pâtisserie graissée et cuire dans un four préchauffé à 180°C/350°F/thermostat 4 pendant 30 minutes. Laisser refroidir légèrement sur la plaque, puis transférer sur une grille pour refroidir complètement.

Cookies au citron

Donne 24

100 g/4 oz/½ tasse de beurre ou de margarine

100 g/4 oz/½ tasse de sucre cristallisé

1 oeuf, légèrement battu

225 g/8 oz/2 tasses de farine ordinaire (tout usage)

5 ml/1 cuillère à café de levure chimique

Zeste râpé de ½ citron

5 ml/1 cuillère à café de jus de citron

30 ml/2 cuillères à soupe de sucre demerara

Faites fondre le beurre ou la margarine et le sucre en poudre à feu doux, en remuant tout le temps, jusqu'à ce que le mélange commence à épaissir. Retirer du feu et incorporer l'œuf, la farine, la levure chimique, le zeste et le jus de citron et mélanger en une pâte. Couvrir et réfrigérer pendant 30 minutes.

Façonnez la pâte en petites boules et placez-les sur une plaque à pâtisserie graissée, appuyez à plat avec une fourchette. Saupoudrer de sucre demerara. Cuire au four préchauffé à 180°C/350°F/thermostat 4 pendant 15 minutes.

Bons moments

Donne 16

100 g/4 oz/½ tasse de beurre ou de margarine, ramolli

75 g/3 oz/1/3 tasse de sucre cristallisé

1 oeuf, battu

150 g/5 oz/1¼ tasse de farine ordinaire (tout usage)

10 ml / 2 cuillères à café de levure chimique

Une pincée de sel

8 cerises glacées (confites), coupées en deux

Battre le beurre ou la margarine et le sucre jusqu'à consistance légère et mousseuse. Incorporer l'œuf petit à petit et incorporer la farine, la levure chimique et le sel. Pétrir doucement en une pâte lisse. Façonner la pâte en 16 boules de même taille et les disposer bien écartées sur une plaque à pâtisserie graissée. Aplatissez légèrement et placez une moitié de cerise sur chacune. Cuire au four préchauffé à 180°C/350°F/thermostat 4 pendant 15 minutes. Laisser refroidir sur la plaque pendant 5 minutes, puis transférer sur une grille pour refroidir complètement.

Biscuits au muesli

Donne 24

100 g/4 oz/½ tasse de beurre ou de margarine

100 g/4 oz/1/3 tasse de miel clair

75 g/3 oz/1/3 tasse de cassonade douce

100 g/4 oz/1 tasse de farine de blé entier

100 g/4 oz/1 tasse d'avoine

50 g/2 oz/1/3 tasse de raisins secs

50 g/2 oz/1/3 tasse de raisins secs (raisins dorés)

50 g/2 oz/1/3 tasse de dattes dénoyautées (dénoyautées), hachées

50 g/2 oz/1/3 tasse d'abricots secs prêts-à-manger, hachés

25 g/1 oz/¼ tasse de noix, hachées

25 g/1 oz/¼ tasse de noisettes, hachées

Faire fondre le beurre ou la margarine avec le miel et le sucre. Incorporer le reste des ingrédients et mélanger en une pâte ferme. Placer des cuillerées à thé sur une plaque à pâtisserie graissée et presser uniformément. Cuire les biscuits (biscuits) dans un four préchauffé à 180°C/350°F/thermostat 4 pendant 20 minutes jusqu'à ce qu'ils soient dorés.

www.ingramcontent.com/pod-product-compliance
Lightning Source LLC
Chambersburg PA
CBHW071235080526
44587CB00013BA/1632